REFLEXOLOGIA, TAI CHI Y MEDITACION PARA LA SALUD

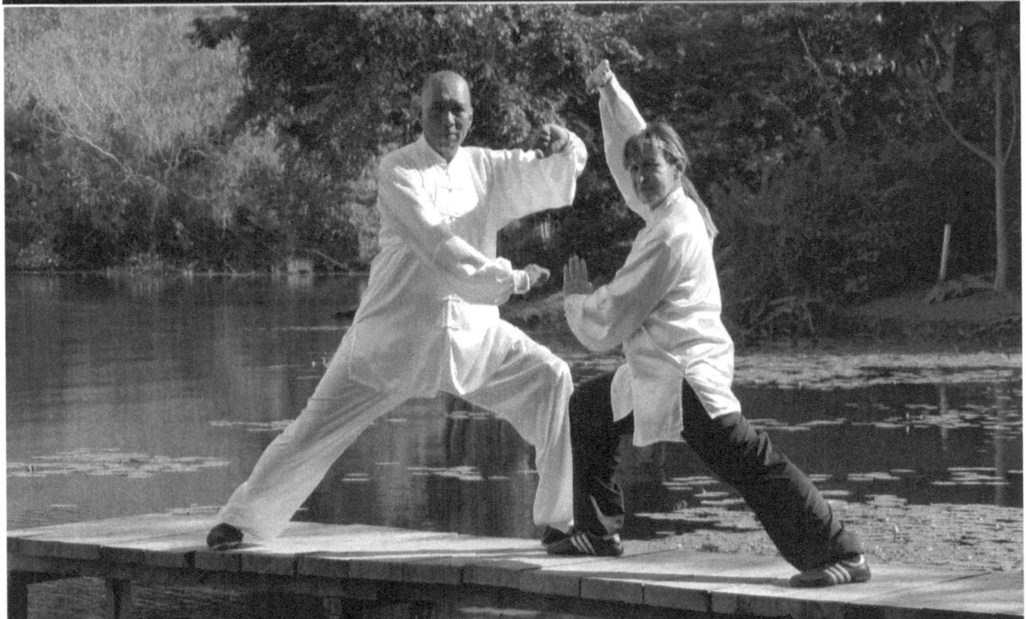

SHIFU SAUL TERAN

LUIS ALVAREZ LOAIZA

"Taller de Formación *de* Auto Masaje y Fortalecimiento de la Salud Psicofísica"
Reflexología

Al llegar a la edad adulta a uno le corresponde dar más energía, porque necesitan más energía. Los adultos mayores necesitan un poco más energía, entonces uno tiene que aprender a movilizarse en base a esa energía. Eso es bueno que lo precisemos, a lo mejor no lo han visto en la técnica, pero es importante.

Vamos a chequear, vamos a corregir, a lo mejor les hago un examen teórico también, porque es bueno que conozcan algunas cosas como las que vimos en las primeras clases: ¿qué es el *Yin?*, ¿qué es el *Yang?;* y a la vez, de cualquier cosa, ¿esto es *Yin* o es *Yang?*

El examen es variable, para saber los conceptos básicos, ¿qué define usted como elemento Tierra? y ¿qué define usted como elemento Madera?, ¿es lo mismo?, ¿es igual? ¿Cada uno tiene una acción física, psicológica, psicoanalógica, orgánica diferente?, ¿o no? Entonces, cómo uno lo entiende. Algunas cosas hay *que* revisar, la teoría básica es importante. ¿Por qué la teoría básica? Porque es la que tenernos que aplicar toda la vida.

La ventaja de la enseñanza tradicional china, es que: la alimentación, la medicina, *Chi, Wu Shu, QiGong,* artes marciales, todo lo que usted haga que sea chino, tiene la misma filosofía, no hay diferencias.

Entonces, cuando usted aprende bien las bases, no le va a pasar nada, porque se les hace fácil penetrar cualquier información. Cuando usted aprende bien la información, usted puede aprender *Feng Shui en* un fin de semana, porque maneja todo ese mundo.

Pero va a llegar un momento en que tendremos que estudiar el *Octograma de Fu Shi,* pero necesitamos, por lo menos dos o tres días de trabajo *y* es poquito. Se le dice *Pakua,* el *Octograrna de Fu Shi.*

La Gran Sabana es un ambiente bueno para estudiarlo. Necesitan tres días de trabajo profundo, movilizar la energía interna de ustedes y aprender a manejar la energía del *QiGong* con el *Octograma.* Manejando el *QiGong,* ustedes pueden hacer sanaciones sin usar agujas, sin usar nada, su ser y más nada. Eso requiere que tengamos un espacio más sagrado cubierto para que se combinen, se sanen también ustedes, hagamos auto-sanaciones, hagamos sanaciones de grupo. Para que estemos y entremos en un proceso de sanación. Ahí queda la idea y ustedes lo planifiquen. Necesito que no suelten la idea, no es que me voy a la casa a bañarme y a comer, veo televisión y después vuelvo. No, aquí no lo pueden soltar, lo que tienen en la cabeza y el corazón no lo pueden soltar hasta que terminemos.

Esto es como cuando uno tiene un suero y usted se lo quita y va a comerse un plato de caraotas con chicharrones y vuelve y se pone el suero otra vez, no puede. Cuando usted entra en un proceso de sanación, entra en un proceso de sanación hasta que lo termina, no solamente va a ser de estudio, sino también de sanación. Es un retiro de sanación.

El proyecto de propagar las enseñanzas de la Tradición China, es específicamente, por el orden de lo universal que nos sirven aquí, allá, en cualquier lugar del planeta con las mismas condiciones. O sea que no haya que crear algo nuevo, no disponer de un tomógrafo para poder revisar un riñón. Si usted va al campo, *a la* Gran Sabana, ¿cómo hace?, ¿se va a llevar un tomógrafo? Solamente con que usted tenga en su corazón, en su consciencia y sus manos en disposición, toda la conexión con la energía interdependiente de la naturaleza, tiene que darle las posibilidades de sanar a una persona en cualquier lugar del planeta, donde esté. Esta es la posibilidad. el alto potencial humano de sanación que tenemos. Y también, algo muy importante que plantea la Medicina Tradicional China, es no solamente sanarle a alguien enfermedades, es ganar la propuesta existencial, que la persona encuentre un camino hacia rescatar su propia misión de vida.

Todo ser humano tiene una misión, pero la mayoría cuando usted le dice: "¿Cuál es tu misión?", ";Ah! ¿qué es esto?", no sabemos. Algunos dicen: "Yo soy, estoy en un proyecto, en una idea" y al afín y al cabo no saben ni lo que hacen. Lo que hemos olvidado, es a qué vinimos aquí, ¿a qué vinimos al planeta? Y es, identificar claramente eso, es parte de la Medicina Tradicional China.

Muchos la han copiado y la han desviado y la han convertido en una medicina similar a la occidental, que la persona solamente, cuando tenga una enfermedad le hacemos algo para ver si se le quita o no; es como una lotería. Pero, puede ser que uno esté enfermo y esté claro en la misión que tiene de vida, y ahí está más sano que todos. Entonces, rescatar la misión de vida es un proyecto dentro de la Tradición China.

Bueno, parte de esto es lo que siempre venimos a proyectar a través de la disciplina del Tai *Chi* que es una metodología sanadora también, una disciplina sanadora, a través de la Reflexología, del masaje. Pero aquí hay algo importante, que yo siempre le digo a algunas personas que me dicen: "Es que a mí me gusta solamente esto, a mí me gusta solamente aquello". Y yo le digo: "Esto es como la alimentación, pruebe los diferentes sabores y entonces, escoge". Pero aquí tiene que escoger después de que aprenda, aquí no escoja sin saber, porque sin saber igual tiene que integrar todo y cuando integra, es que usted da las respuestas; pero si le falta. Mire, yo le voy a dar a usted, con los ojos cerrados le voy a dar un tubo, y usted dirá: "¿Qué será esto?" No sabe. Después le daré una tabla, etc. Mire lo que le estaba dando un escritorio. Pero a usted si yo sólo le entrego un tornillo, ¿le estaré dando un escritorio?. Le entrego la pata ¿y eso será un escritorio?. Alguien decía, trajeron un elefante y trajeron unas personas ciegas para tocarlo, unos tocaron la cola y dijeron: "un elefante es como un mecate colgando que se balancea". Al otro le tocó la oreja y dijo: "no, no, no, un elefante es como una palmera que se mueve con el viento". Y otro se agarró

de una pata dijo: "un elefante es como un pilar".

Entonces, cuando uno sólo ve un pedacito de las partes, no comprende el todo. Puede ser que usted no se dedique a la Reflexología del pie, pero tiene que conocer porque ahí hay un potencial, hay informaciones y todo eso. Entonces, cuando alguien venga usted le dice: "Deje los pies afuera que no se los voy a ver".

¿Cómo hace? A lo mejor algo que no consigue por ningún otro lado, lo consigue en el pie. Cuando tiene los pies hediondos, el Agua está en desequilibrio.

Una es ser masajista y otra es ser, un terapeuta de Medicina Tradicional China, porque en Medicina Tradicional China, yo no lo considero un masajista, porque si a alguien le pongo una aguja, me dice: "el acupuntor"; si a alguien le hice un masaje, me dice: "el masajista"; si a uno le hice *Qigong,* dice:

"el que hace energía"; si uno solamente lo observé, me dice: "el que maneja la medicina psíquica". No, es un todo, no puede ser la oreja, la pata o el rabo. ¿Entienden lo que les digo? Es la integración. Usted integra eso en su ser, y usted después es el que escoge cómo lo maneja. Y puede ser que usted no se dedique a la Reflexología sólo del pie; puede ser que se dedique sólo al rostro; o puede que se dedique al *Qigong* con las palmas de las manos; o puede ser que se dedique solamente a la aguja; o puede ser que se dedique a *Chuan Mo* que es presionar las cavidades con las puntas de los dedos. Puede que se dedique al que usted quiera, pero tiene toda la información completa. Cuando usted le preguntan ¿qué es esto?, usted dice: "Un escritorio", lo toque por donde lo toque, por el tornillo, por la tabla, por las patas, por donde sea:

Eso quiero que lo entiendan, que en el futuro ustedes escogen con que van a trabajar. Pero tienen la información completa, no le falta nada.

Porque cuando alguien me dice: "Yo soy masajista". ¡Guáo! ser masajista es un proceso dentro de la Tradición China, ... Lia*ng mo an mo, Qigong* an mo, *An mo...,* esto es inmenso como una centena de tipos de masajes, todos difíciles de aprender porque hay que estudiar. O sea, no es que me enseñaron una técnica el fin de semana y ya se masaje. ¿Entienden?, no es así.

Por eso ustedes van a un proceso de formación, y cuando lo tengan ustedes deciden que van a hacer. ¿Qué van a hacer con eso? Hay que trabajar con esa información que tienen. Pero tienen una buena formación, no sólo tienen información. Si tienen una buena formación, en donde usted esté, la respuesta suya es valiosa. Y es que falta gente. En Lara, en el espacio que tengo ahorita, tengo 20 años, ¿publicidad? Nunca.

Pero necesito más con 5 manos no alcanza, tengo demasiada gente, a veces los corro.

En Lara tengo mucha gente y no me interesa que la gente esté allí, sino que la gente se sane.

Hacer el esfuerzo y quien se forme muy bien, está en una condición muy hermosa. Pero no le tema a ninguno de los estudios, porque son eso estudios y usted escogerá de ahí lo que necesita. Si no escoge la técnica, escoge la información; porque muchas de estas informaciones son necesarias.

A veces yo solamente con ver los pies, le digo: "Usted está pisando más por la derecha, usted está haciendo más esfuerzo, sus fatigas son de tal forma, etc.", con sólo ver los pies, eso también se hace, nada más que verlos, no necesariamente tendré que actuar sobre el pie.

Pero ya habrá el momento, luego estudiaremos el pie y le daremos profundidad al pie; y volveremos para el pie. Y ¿saben que vamos a estudiar ahí? Hay 36 puntos especiales para punturar con agujas que equivale a toda la Acupuntura completa, Acupuntura Coreana, para tratar cualquier tipo de molestia, son dolorosos, se ponen con tubitos para que no duela tanto.

Hay otro aspecto también en el pie, es conocer los puntos sagrados; o sea, los puntos que mueven la energía espiritual en el pie. Y uno puede trabajar a través del pie, una cantidad de informaciones que no se manejan comúnmente, pero eso todavía no. Esto no es así, di dos pasos y se acabó.

Hay una historia de Merlín el mago que estaba educando a su discípulo. Primero lo mandó a que cazara un venado, a que recogiera leña, buscara la olla y la llenara de agua. Y eso fue mucho trabajo. Después a recoger las verduras en la misma montaña, hacer la sopa. Y cuando terminaron de hacer la sopa, se sentaron en la noche, en la fogata. Y Merlín le dio al discípulo una cucharada en la boca, se la comió. Y después volteó toda la sopa y la botó.

El discípulo le dijo:

— "Ay, ¿por qué tanto trabajo, tanto esfuerzo?".

Y le dijo:

"En la cucharada estaba todo lo que se había hecho, lo que se había logrado, es lo mismo que el todo, como no lo puedes tener se produce el sufrimiento".

En una cosa a veces está la totalidad. En un estudio, se puede abarcar casi todo. En China hay muchas escuelas que se dedican sólo al pie, pasan toda la vida en eso. Hay escuelas que se dedican sólo al rostro, sólo a la columna; sólo al masaje global, eso es variado.

La del pie es muy popular, hay muchos lugares donde uno va y tienen como poltronas. Primero lo pasan a usted por agua caliente, le remojan los pies en agua caliente, lo acuestan ahí, lo pesan, le hacen masaje así:

uno, dos, tres, cuatro, hasta diez personas, sólo le hacen el pie. Claro después te pasan un poquito de esfuerzo, sueltas y ya, listo. Y va mucha gente, el trabajo es fuerte.

Lo que quería era enfatizar que ustedes van a escoger en el futuro, cuando tengan más formación, ustedes van viendo por donde tienen mayor afinidad; como la comida, usted verá que es lo que le gusta más.

Una discípula, que deseaba conocer en cuanto tiempo, podríamos estar en la vanguardia de una escuela de Medicina Tradicional China que existe en Pto. Ordaz, donde enseñan en tres años. El Shi fu, respondió:

— "Lo importante es que, en Reflexología, ustedes tengan una buena capacidad. Ustedes ya pueden usar las manos. Ellos podrán enseñar en 3, 4 ó 5 años, pero esto es infinito. El mínimo aquí son los módulos, si usted tiene un módulo de Reflexología, usted tiene que tener algún entendimiento de esto, pero eso no es la totalidad porque es imposible enseñar la totalidad en un módulo. Y les digo en el futuro pueden aprender agujas en el pie, sería como una especialidad dentro del pie o aprender los puntos sagrados en el pie, o aprender a trabajar los chakras desde el pie, todo eso se puede ir haciendo. Pero no se puede hacer todo a la vez, porque llega un momento en que se satura de una sola especialidad. Por eso cuando vengamos al rostro se refrescan, pero ven las mismas informaciones o cuando veamos columna. Pero ¿qué estamos haciendo? Vamos a estudiar al ser completo. Cuando nos toque estudiar aguja, ¿se le va a hacer difícil?".

Nosotros estamos haciendo, una escultura de un Budha en Lara y yo le dije al escultor para hacer un pie..yo no sé nada de escultura, pero resulta que, él dijo: "Yo hago uno y usted hace uno". Y el mío quedó mejor que el de él, porque yo me conozco el pie de memoria. Lo importante es lo que uno conoce.

Lo que quiero decir es que la especialidad la hacen ustedes. Nosotros les damos las diferentes materias. En Reflexología, con lo que hemos estudiado, ¿ustedes se pueden agarrar un pie? Ah, bueno. ¿Y lo han hecho? Si. ¿Y qué les han dicho?.

Alguien se perdió en una montaña, y estaba con unos niños. Y esa persona había hecho el curso conmigo, lo hizo porque le gusta la información y no porque quiere dedicarse a eso. Pero cuando estaban allá le dio asma a un niño. Entonces yo había ensañado unas técnicas para tratar el sistema respiratorio, sobre un familiar, sobre alguien. Y hay algo que es muy importante que ustedes no deben perder, la fe, la fe en lo que hacen porque a lo mejor esa fe es más alta que la técnica que tienen en las manos, mejor es más alto el efecto de esa fe que la técnica que tienen en las manos. Porque yo he visto casos, uno se cansa de ver casos de personas que uno los toca y se sanan, pero la gran ayuda está allí. En estos días me llega una persona y viene con su esposa y me dice:.

"Mire a mí me mandaron para acá, pero me da miedo, porque esos masajes y que duelen, esos masajes que usted da son muy dolorosos, y me da miedo".

El señor con todo un drama. Entonces, la persona que está ahí sentada, que también es un paciente y está pidiendo una cita, él le dice:

"¿Usted ha venido?".

"Si, ya esta es segunda vez".

— "¿Y qué tal le fue a usted?".

"Bien, muy bien".

— "¿Duele?.

"Duele algo, pero yo me siento muy bien, a mí me iban a operar y ya no sé si me van a operar, me siento mejor?.

— "¿Si, y qué es usted?".

Yo soy médico.

Es una médico que trabaja en el banco, Médico Fisiatra, que le dijeron que tenía que operarse la columna y asustadita se fue para allá.

Sin embargo, a la médico me costó, porque ella tiene su teoría, tiene sus informaciones. ¿Entiende?

Entonces, uno tiene que estar bien formado ante una persona de ese orden.

También necesitamos algunas informaciones de la medicina moderna, porque si no a veces nos quedamos así como atascados y no sabemos cómo dar una opinión.

Para mí la medicina es una sola, no hay Naturista, Alopática, Auspática, para mi hay una sola, la que ayude a sanar al otro en todos los niveles.

Lo que quiero es reforzar la idea de ustedes de que algunos no la van a utilizar para ser un terapeuta, otros la van a utilizar para una medicina emergente.. otros lo usarán para ser terapeuta, montar su consulta, o para ser un auxiliar en un centro de Medicina Natural o Alopática, donde lo soliciten. Pero espero que cada quien escoja lo que necesite. No consiste esta enseñanza, en una mediatización: ¡Usted tiene que terminar ya!, ¡hacer esto! No, así no

funciona, eso no funciona. Cada uno escogerá, nutrirá. Otros tienen informaciones, tienen prácticas útiles, eso es muy importante. Nunca desdeño ninguna información, porque todas son válidas. Eso quería enfatizarlo para que ustedes tengan esa visión.

Vamos a entrar en materia física, vamos a empezar el auto-masaje.

Las campanas se usan para generar energía celeste. "El Tambor del Dharma" en Taiwan tienen una campana que pesa 25 toneladas.

El auto-masaje, tiene la ventaja que se puede utilizar en otras personas, pero lo mejor es aprenderlo primero con uno, esto es como un auto-cultivo, un trabajo. Hace poco se los enseñé a un grupo *y* les decía:

"Si los pueden hacer por 100 días seguidos, se considera que uno cultiva una cantidad de energía gigantesca". Pero casi nadie lo hace por 100 días seguidos.

Los ejercicios de auto-masaje, trabájenlo ustedes hasta que tengan dominio, si poco a poco lo van desarrollando, se van a dar cuenta de la facilidad. Después él se convierte en una práctica que uno no tiene que hacerlo todos los días, sino, por lo menos dos veces por semana, es un mantenimiento. Pero la educación para cultivar la energía es 100 días. En cierta forma es como una estación, lo que los maestros recomiendan es una estación. Que uno haga una estación completa, ya sea otoño, primavera, verano, invierno. Claro si lo hago, cada estación tiene una energía diferente.

"Los chinos le llaman crear el embrión celeste, es como uno tener un embrión de energía, el *Chi* de energía.

Esto es como tener un pelo de energía dentro del ser interior del hombre. Este embrión celeste a cada quien se le ha entregado, pero se le llama embrión porque la mayoría no lo ha cultivado. Aquí uno luego va a tener mucha energía para curar, para cultivar, para sanar a otros, un sol emergiendo, este sol saliendo con energía con fuerza, le llamaríamos Primavera.

Primavera, en occidente Primavera quiere decir: lo primero que se ve, prima vera. ¿Por qué? Porque en Primavera salen los brotes, los pajaritos comienzan a hacer nidos, a criarse, hay mucha resolución, es la energía abrupta, como la mañana (ver figura).

Pero cuando llega el Verano, el Verano es como un sol pleno, radiante, con mucha luz; representa al fuego.

La Primavera la representa la madera. Pero cuando esa energía se está ocultando, como un atardecer, ¿siente la energía del atardecer? Baja, sombría, es como el Otoño. El Otoño es la energía más baja, es cuando empieza a descender la energía. Y cuando la energía ha descendido a plenitud, viene el invierno, esta es la parte más seca pero más fría como la noche; una energía oscura, fría.

Si uno hace cultivo del *Chi* de uno, ¿en cuál estación cree usted que lo pueda hacer? Bueno, usted puede escoger. Si lo hace en Primavera, la energía está en expansión entonces, lo mejor es hacerlo en la mañana, al amanecer, cuando empieza a salir el sol. Cuando llega el verano, lo hará de vez en cuando, ya cultivó su energía.

Pero hay unas normas bien específicas también, usted comienza en Primavera, no debe comer muchos alimentos grasos, ni frituras, ni muchos animales, ni muchas carnes, pueden ser algunos pescados de ríos; los alimentos frescos y fríos son mejores, no me refiero a un frío de nevera. Usted agarra una lechuga y la muerde ¿cómo es? Es fría; algunas frutas son frías. Pero si usted come alimentos cálidos, no, sopas, mondongos hervidos, caldos. Es preferible no comer muchos alimentos grasos, carne de cuadrúpedos. Se puede consumir algunas aves y algunos pescados, pero en bajas cantidades, porque si no, no va a cultivar bien la energía. Lo que hace es que puede tener choques y siente más bien que sus órganos están luchando por comer algo sano. Como digo siempre, entre el veneno y el antídoto, el veneno siempre tiene más cosas. Tómese un veneno y un antídoto, el veneno tiene más cosas porque deteriora, daña.

Si usted lo hace en Verano, las cargas de frutas deben ser altas, frutos maduros. no frutos verdes, porque ayudan a refrescar...el consumo de té, mientras se hacen las prácticas internas, es esencial para bajar el fuego interior, se forma mucho fuego interior. Después de terminar el auto-masaje y los que hacen *Tai Chi* pueden tomar té, porque ayuda a refrescar el fuego interior, aunque se tome caliente baja el fuego interior.

Frutas de la época son muy importantes, y frutas frescas. Evitar alimentos que dañen la circulación, muchos cafés, lácteos, estos tipos de alimentos no son buenos porque dañan la circulación. Alimentos grasos guardados, mantequillas, margarinas, no son buenos en ninguna de estas dos estaciones. Casi que estas dos estaciones se parecen un poco en la alimentación, pero en esta época, en Verano, pueden permitirse algunos alimentos calientes, aunque sea Verano, pero no en grandes cantidades. En estas dos estaciones si bajan los alimentos de animales cuadrúpedos, es mejor. Estos alimentos van a ganar *Chi*, como ovejo, vaca, chivos. Preferiblemente comer peces y aves. Aquí en el Verano comer peces. Para los que comen carnes, estoy hablando.

Aquí no estarnos hablando de proteínas sino de energía. Aquí pueden hacer como recursos, tomar algún complemento de vitaminas y minerales, en el Verano, si van a cultivar la energía.

La energía hay que cultivarla, no solamente es, "¡póngale las manos y los trata!". Si usted no ha cultivado su energía, ¿con qué lo va a sanar? Lo que termina enfermando es usted. Yo he visto cantidad de terapeutas. Yo atiendo casi todos los terapeutas de allá de Lara, los terapeutas siempre pasan por la escuela para tenderlos, porque no hacen prácticas, no hacen prácticas de ningún tipo. Entonces, la energía no la tienen cultivada.

Esto es muy sencillo hay dos tipos de energías, *Fa li y Fa chen*. Si usted busca por ahí un levantador de pesas, agarra unas pesas de 180 kg y las levanta, ¿usted puede?, él tiene *Fa li,* fuerza física. Cuando usted va y le dice que haga ejercicio energético y se marea, no tiene *Fa chen,* fuerza espiritual. *Fa chen,* es la fuerza espiritual.

Entonces, ¿usted, qué va a cultivar?. Con los ejercicios, puede tener cierta fuerza física, cada quien con su límite. Pero es necesario que cultiven el *Fa chen,* si no cultivan el *Fa chen* se enferman mucho, se enferman y no se recuperan.

¿Cómo estaba dándoles el taller allá en Margarita? Una fisura en el tobillo, un ligamento desgarrado y un músculo dañado ¿Qué me di? nada. Usted tiene que tener esa convicción, esa energía. Si usted no tiene *Fa chen* no se cura. Ya cuando vine para acá estaba mejor, ya ahorita estoy bien, no me dejé de mover. El taller en Margarita fue difícil, estábamos haciendo estilos modernos de *Tai Chi* y me costaba, no podía ni siquiera sostenerme en un solo pie...si te resistes al dolor, él te va a doler más, el dolor hay que dejarlo que salga. Me tomo un analgésico o cualquier broma, y lo escondo bien escondido y me lo llevo, "¡se me quitó!" No, lo escondí.

Un dolor de cuello, se quita con una buena terapia de alrededor de una hora.

Si cultiva el Fa chen es mejor, sus manos son más sanadoras. Yo he hecho la experiencia, personas que no cultivaron *Fa chen,* tienen que hacer 10, 11 ó 12 terapias y la gente no mejora. El Shifu tiene *Fa chen,* uno agarra a una persona y sale sano y es por Chi, porque estamos cultivando energía espiritual. ¿Tiene capacidad para hacer tres meses de prácticas?, ¿de hacer los 100 días completos?, ¿de hacer una estación?, ¿puede?. El *Fa chen,* requiere también energía **espiritual** para sostenerse. Pero paso una semana, y digo:

."Vamos a dejárselo al Shifu". Tienen que hacerlo ustedes, ¿entienden?, si cultiva *Fa Chen,* se vuelve más sanador. Y hacen lo mismo que hace el otro, la misma técnica; pero, ¿qué pasa?, es diferente. Algunos allá, tengo alumnos que trabajan conmigo, está Roy *y* está Morella, pero la gente no, ¡yo quiero con el Shifu. Pero tienen que cultivarse más, están en ese trabajo de cultivarse. Morella tiene ahorita muy buena energía, es la más sanadora. Se me enferma bastantico, pero ¿cuándo el *Fa chen* no está alto? Por eso le digo para ser terapeuta, cultiven el *Fa chen. Revísense,* si usted se está enfermando a cada rato, su *Fa chen* todavía no es alto, ha estado metido en *Tai Chi.* Después por allá tengo unos ejercicios, en el mismo Yang también, no se mueve para ir moviendo la energía, canalizándola, frotándola, moviéndola; así uno va canalizando la energía. Hay movimientos que lo ayudan a uno a canalizar la energía, moverla.

Si está haciendo un masaje, una terapia, es lo mismo, entonces la energía se mueve, y va sanando, va sanando, va sanando.

En la escuela de Lara, llegó un señor que le dio un ACV, le estamos haciendo terapias y *ya* tiene cultivo de fuerza y todo y le digo:

— "Mire, la próxima semana me trae una andadera, usted va a caminar".

Duró 15 días sin venir. Entonces, no, no se asustó, y él dijo:

— "Le voy a dar una sorpresa, le voy a llegar caminando con la andadera".

Estuvo 15 días seguidos, y todos los días y dándole en la mañana, en la tarde y en la noche y no pudo caminar. Entonces, él llegó y me dijo:

— "Yo traje la andadera pero no puedo, me han ayudado en la casa y no puedo".

Y le dije: "Vámonos al Kwon, primero le hago una terapia, vamos a hacer una terapia primero". Y después vamos al Kwon con su andadera (Kwon es el lugar de prácticas). Nos vamos al Kwon.

— "Háganle este ejercicio en una barra". Lo hizo, "hágame este y páseme usted por acá para ver". Le rodé toda la energía para acá. "Agarre la andadera, agárrese de la andadera, ¡Párese, camine para allá"!

Y él dijo:

"Pero acuérdese que no me da miedo".

Le dije:

— "Suéltese, deje el miedo, suelte el miedo". Y empezó a caminar.

Después, dice:

"Es que usted es muy sereno".

Es lo mismo, pero la energía, la disposición, todo eso se suma, ¿entiende? No sólo la seguridad, hay que creer que uno es sanador, deben que creer eso, si no lo creen no hay sanación.

Así como yo le decía a Buenaventura (participante en el taller), suéltese, suéltese ¿y qué le pasó? Se mejora, eso es todo.

Uno intercede su energía, pero tienen que cultivarla, si no la cultivan, sólo van a cultivar *Fa li, a* lo mejor. Hacen ejercicios, tienen fuerza un tanto en las piernas, en lo que sea, pero a cada rato está enfermo, a cada rato se enferman.

A uno le va a tocar, no voy a decir que no, pero ¿el cuerpo como queda cuando se acaba Fa *li?*.

Es importante, si ustedes agarran una estación, en esa estación van a adquirir una energía muy grande, se van a enfermar menos, van a tener una actitud, le van a tener menos miedo a las enfermedades y todo eso va a ir mejorando. Pero tienen el auto-cultivo, se llama Xui *liang,* auto-cultivo; *Liang:* es ejercicios, se acuerdan liang gong, Xui: es cultivar. Es como ejercicios para cultivar.

Ahora, si ustedes están en la estación de otoño la energía es más baja, se pueden comer buenas proteínas.

Pero escuchen, si ustedes fueron buenos en las estaciones anteriores, si usted comió grasas como: un mondongo, chivo, marrano, etc. Aquí no hay grasa corporal. Si usted fue ligero. Podrían decir esto: *"La Primavera, es el ayuno, el Verano es el desayuno, el Otoño es el almuerzo y el Invierno es la cena".*

¿Entienden eso? En Primavera comer muy frugal, es una dieta más sencilla; en Verano, es como un desayuno, un poquito más completo, pero con frutas, como si fuese un desayuno; en Otoño, ya puede comer, en el Otoño puede comer un poco más de carnes para los carnívoros, puede comer un poquito más de grasa, porque va aceptar la energía de este centro, la yi*n;* y en Invierno, puede hacer su cena navideña bien tranquilo, cómase ese poco de cosas que se come allí en diciembre, porque está en Invierno. Pero si usted hace eso aquí (en Primavera y Verano) todo el año para usted fue Invierno.

Entonces, tienen que cultivar mejor la energía, pero para cultivarle se requiere que la alimentación sea sana.

Lo que siempre yo recomiendo es que, en cualquiera de las estaciones, uno sea sensato, comer alimentos de la estación, por ahí empieza la alimentación, debe haber alimentos de la estación, alimentos locales, lo que usted pueda conseguir cercano, muy importante los alimentos locales.

Pero, el Otoño, como es época también del intestino grueso, es bueno que las fibras estén en buena cantidad y calidad. Ahorita empieza el Otoño, el 22 de septiembre.

En marzo, empieza Primavera, de marzo a junio.

En Otoño, si ustedes comen más fibras y hacen más ejercicios respiratorios, porque la energía del pulmón y del intestino necesitan ayuda. Por eso es bueno que tengan muchas ensaladas crudas para que sirvan de escobas para limpiar el intestino, coman como germen de trigo, pueden comer sopas verdes, pueden consumir alimentos proteicos con naturalidad. Pero repito, si su alimentación fue buena.

Porque lo que pasa es que la mayoría de la gente no se alimenta, según lo que la naturaleza les da.

Los que vinieron a la primera clase, saben que yo enfoco la Reflexología, no como un reflejo, como lo plantean por ahí los libros occidentales, sino lo enfoco como una imagen *y* semejanza del cielo. Si recuerdan, yo les dije: "El hombre tiene como modelo, a la naturaleza, a la naturaleza le llaman planeta.

La tierra tiene como modelo al cielo. Y el cielo tiene como modelo al *Tao".*

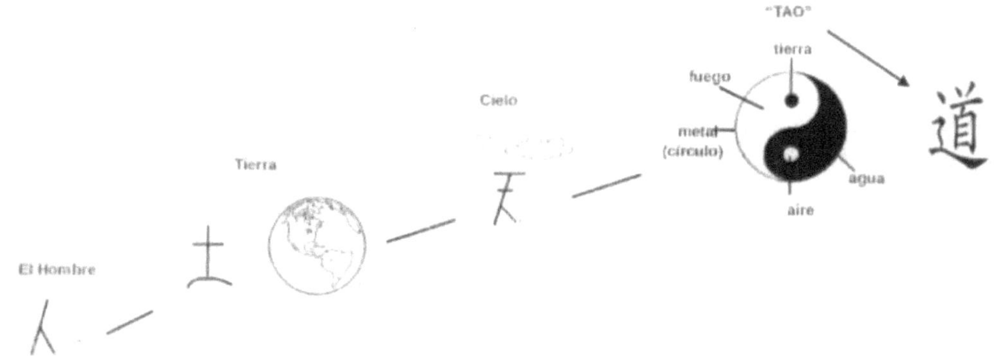

Y *Tao,* también se llama *'Tai Chi* este es el símbolo:

Tao se escribe así en chino:

Pero, dice que: "El *Tao tiene* como modelo a la Naturaleza Luminosa". Así se escribe luz en chino, es lo mismo que poner una velita sobre una lámpara:

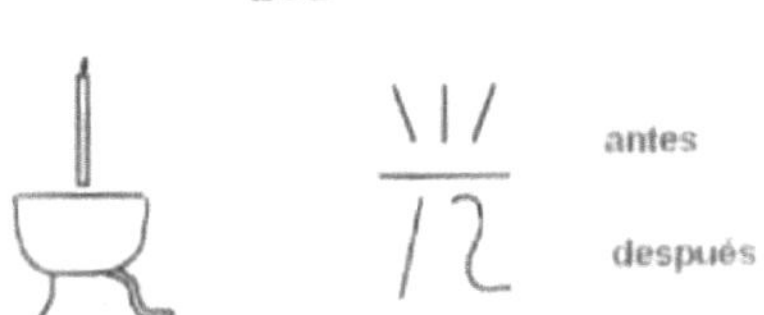

Entonces, quiere decir que nosotros tenemos como modelo a la naturaleza. ¿Qué es la naturaleza? Los cambios estacionales, sus movimientos, la luna, el sol. Pero no seguimos ese ritmo, nosotros seguimos es a la moda. Nosotros tenemos como modelos, a algún artista que está de moda en estos momentos. Ahora los modelos son la gente de la televisión, los artistas, los estereotipos. Pero nosotros no tenemos como modelo a la naturaleza, encontrar el orden. Porque la naturaleza tiene como modelo al universo, al cielo, el cielo es el universo; entonces sigue los ritmos del universo. El universo tiene como modelo al *Tao,* a la divinidad, a Dios, a la energía que siempre fluye y la divinidad tiene como modelo a la naturaleza luminosa, a su ser de luz.

Por lo tanto, la mayoría de la gente quiere directamente comunicarse así (a Dios), con radios esos especiales, satelitales. Pero no hay esa comunicación directa.

A esos modelos le llamán ídolos, y a las mujeres les llaman divas. ¿Saben que significa divas? Diosas.

Nosotros tenemos que elevarnos *a* ser practicantes, porque si no entramos en el juicio. Nosotros tenemos que practicar, dar una respuesta diferente a la vida, este es el planteamiento de la Tradición China desde la sanación. Ellos no lo hacen (los modelos), nosotros tampoco. Tenemos que hacer un cambio. Ellos no se alimentan bien, nosotros tampoco. ¿Cómo pasan la mayoría de nuestras familias? Desde que nace un niño le beben los meaos que llaman. En el bautizo hacen una fiesta para beber, en el cumpleaños, la primera comunión. "todos los actos nuestros sociales, son para beber licores, trasnochase, con una música estruendosa, no tenemos auto-cultivo, no tenemos *Xui liang.*

Coman y beban, la mejor comida y la mejor alimentación es la que usted haga a conciencia. Revisen la conciencia, si usted se quiere comer un borrado], usted verá.

Vuelvo y repito, esos modelos no son nuestra imagen y semejanza. dejémoslos tranquilos, el trabajo es con nosotros. Dejemos a toda esa gente tranquila, el trabajo es con nosotros mismos. Tenemos tanta preocupación de qué hacen ellos y no nos preocupamos por ¿qué hago yo?, ¿qué es lo que yo hago?, lo   profundo es el trabajo de uno.

La única persona con que yo me la paso todo el día, mañana, tarde y noche es conmigo mismo. O anda usted pensando sólo en los demás. Por eso se llama auto-cultivo, debo buscar la forma de que mi crecimiento físico, mental y espiritual dé una respuesta. Esto es sanación. ¿Y cuál es el proyecto cuando usted tiene un paciente?, ayudar a que ese paciente encuentre este camino y ¿si lo encuentra?.

A mi me da ganas de reír con las personas que no le obedecen a uno con la alimentación: "Fui a un Obesólogo"

- "Está bien fue a un Obesólogo, ¿y qué le dijo?"

"Que no comiera carbohidratos, chicharrones y eso.

¿Y esto no fue lo mismo que uno le dijo? Bueno, pero aquel le cobró no sé cuántos millones de bolívares, y le mandó no sé cuántas inyecciones, le mandó no sé qué cosa. Y entonces le salió bien caro, como la cuota es bien cara le prestó atención. Al que le cobró barato, no le prestó importancia o al que no le cobró, a ese no le hace caso.

Entonces, nosotros tenernos modelos y esos modelos fueron los que nos dejó la naturaleza, si los seguimos tienen que dar buenos resultados, imposible que no nos de buenos resultados.

Y en el invierno, las personas que lleven una buena alimentación en su periodo estacional. Esto es igualito a mañana, mediodía, tarde y noche, es casi igual. Primavera, Verano, Otoño e Invierno. Entonces, búsquese en cuál de las estaciones está. Si trabaja en estas estaciones mejoran el *Yang* (ver figura de las estaciones) aquí mejoran el *Yang,* toda la energía *Yang.* Y si lo hacen *en* estas estaciones, mejoran el *Yin.*

Es revisar donde necesitan más sanación, en su parte *Yang* o en su parte *Yin.*

En todo el año van a ver las cuatro estaciones, busquen en cual comienzan, algún día comenzarán.

Cuando se hace auto-masaje, esto interesante también que lo entiendan, es muy difícil la auto-sanación, *es muy* difícil, casi que la sanación está dada para que uno se deje ayudar. Y a veces, ser servido es una forma de prestar servicio, dejarse ayudar es una forma de prestar servicio, nos corta la cabeza de la soberbia instantáneamente, cuando humildemente nos...

"no, no, es que yo tengo mi propia técnica espiritual y crezco de verdad, nadie me toca y no me hace nada". A los 6 meses tiene que estar metido en un hospital haciéndose una cirugía u otra cosa, porque no se permite. *Servir y ser servidos, viene de la misma investidura"*, dice la Tradición China.

Pero cuando Jesús, junto con los fariseos, consiguieron a una persona tirada en el suelo, que estaba paralítica, le dijeron:

— "¿Quién pecó él o sus padres?" (los fariseos para probar a Jesús, a ver si tenía conocimiento).

Él les dijo:

"Ni él, ni sus padres pecaron". (No era karma).

Entonces, si no fueron ni sus ancestros, ni él, ¿quién fue?, porque todo es por ley de causa y efecto.

Entonces, les dijo:

"Él está aquí para causa de nosotros".

¿Saben que estaba haciendo ese señor ahí? Prestando servicio, vino perfecto, los enfermos eran ellos. Vino espiritualmente sano, pero en esa condición para que otros restablezcan su compasión, su amor, su corazón.

Si no lo hacen, no hay transformación. Por eso les dijo: "Ni él ni sus padres pecaron, está aquí por causa de nosotros". O sea, para que nosotros nos demos, necesitamos amar a los demás, necesitarnos tener compasión, porque no es solamente tener técnica. La técnica es una parte del estudio. El *Fa chen* y el auto-cultivo, indican que uno debe trascender.

¿Quiénes de los que están aquí van a hacer el curso de meditación? Ojalá lo hicieran todos, porque la meditación es esencial. Porque la meditación es una técnica de auto-cultivo más directa a veces, que los mismos automasajes, que otras cosas. Porque se ve directamente en mí mismo, que es lo que hay aquí adentro.

¿Seguro que es yo?, muéstreme ese yo, muéstremelo. No existe ese yo, ¿por qué no me lo muestra? Yo es una frase, es un concepto. Y sin embargo, en la meditación lo vamos a estudiar. Ese yo es, apenas, la capa amarillita de la naranja, eso no llega ni adentro, ni a la concha. El yung, no es nada en el ser humano. Y sin embargo, si vivimos desde él, nos perdemos todo lo demás. Es como un poema japonés que dice: *"Mire la luna y si miran el dedo se pierden toda esa maravilla",* cuando miramos el yo, nos perdemos toda esa maravilla. Y vivimos con ese yo para arriba y para abajo. Entonces, nos perdemos toda la maravilla de la existencia y de la vida. La meditación es una de las técnicas de auto-cultivo más completas que se han entregado en el planeta. Ni ecológica. Porque usted dice:"La oración es buena", pero usted no sabe por dónde entrar, ni cómo hacer, si sigo, o yo doy gracias, o alabo, o sé lo que voy a hacer.

Comentario de participante: Pero hay gente que es muy fanática... cuando los padres de uno meditan, ayunan, y uno es pequeño, uno vive en ese yugo...

Es importante que nosotros entendamos que eso no es disciplina, no es una realidad ni auto-cultivo.

El auto-cultivo, no consiste en decirle a los demás lo que deben hacer. El auto-cultivo, es uno. Sea de quien sea, sea por la práctica que sea, espiritual, religiosa, lo que sea, las personas si hacen auto-cultivo tienen que transformarse, no exigen a los demás. Yo he visto personas que entran en un nivel de fanatismo: "¡Eso es malo, 10 años!". Pero mira a los 10 años, yo voy a pasar de aquí hasta allá, miren son 10 años, cuando vaya a la puerta de salida, pero me llevo a la Profesora conmigo, me llevo al otro y te convenzo a ti, a ti también te convencí, así véngase usted también. Cuando llego allá, he convencido a todo el inundo, ¡ah! ustedes se quedan metidos en ese rollo y yo me salgo. Por eso no crean en ningún fanático, crean en su propia convicción. Porque el fanático se lleva a uno y de repente, él se sale y lo deja metido a uno en ese rollo. Porque eso puede ser 10 años, 5 años, 15 años...por 20 años o por 3 años, no lo va a entender. Por eso les digo, tienen que ser sensatos en elegir.

Yo aprendí esta frase y con esto comienzo los talleres de Meditación, siempre digo: "Todas *las enseñanzas son como hermosos ramos de flores, escoja las* que más *le convenga y haga su propio ramo, haga su propio ramo y de ahí va a depender la respuesta que usted dé"*. Uno tiene que armar su propio ramo, su propia convicción, de aquí tomó, de allá tomó, esto no le sirvió y lo quita, es su propia experiencia. La realización del ser humano es una experiencia individual, absolutamente individual, yo no puedo vivir la experiencia de otro, ni otros pueden vivir la mía, es imposible. Pero repito, si se deja guiar por un fanático, puede ser que ese fanático, después que lo llevan allá, se pierde.

La Medicina Tradicional China, es una medicina de conciencia, consciente de si mismo, conciencia de los demás, conciencia de dónde surgen las causas que originan las sintomatologías, las enfermedades, las deformaciones del ser. Si logramos tomar clara conciencia, es muy difícil que uno no consiga las medicinas. Las medicinas se consiguen en el mismo ser, cada uno es una farmacia ambulante. Cada uno es una disposición de salud, de sanación. Pero nuestra labor, es ayudar a las personas a despertar también ese potencial. 'llenen ese potencial. Háganlo, levántese, hagan. Por eso Jesús le decía a alguien: "¿Qué *es* más *difícil decir, levántate y anda o tus pecados te son perdonados?"*. Ahí se las dejo.

Si ustedes logran hacer una práctica, yo les recomiendo que nunca comiencen por empezar hacer con disposiciones de energía a la vez; porque 19 más probable es que s no tienes suficiente energía, la malgastas y ustedes se tienden a debilitar y uno tiende a contraer enfermedades que no es culpa del otro.

Hay que dejar de culpar a los demás. "Es que este me dejó una carga". ¿Y quién dice que usted no le dejó una a él?. Si los grandes maestros tuvieran miedo de sanar no hubieran sanado a nadie. No hay que tener miedo de sanar. Lo que hay es que tener miedo de no entrenar para ser un buen sanador, el entrenamiento es primordial. Esto es como el boxeo, si usted no sabe pelear, no pida una pelea con el campeón mundial, segurito que sale nockout. Entonces, busque que lo pongan primero el tallao, un golpecito, la otra cosa, que lo pongan a pelear con el que está al mismo nivel y así va poco a poco. Y cuando usted está a este nivel, usted dice: "¡Pónganme al que sea, que yo estoy ahí a disposición!". Y cuando no pueda, le voy a enseñar la mejor de todas las técnicas, mire así, este enfermo envíelo para otro lugar, no agarren a nadie para ustedes, eso es mentira, si usted no puede: "Vaya allí, vaya allá"; *o* si no tiene donde mandarlo, sea completamente sincero. "No puedo más, es lo que tengo como ser humano, no puedo más"; y libere a la persona. No lo tenga ahí, porque le paga, por lo que sea, porque somos amigos...si usted no puede ayudar a sanar si usted no puede, dele la libertad, no lo retenga. Y es negativo hasta para el karma espiritual de uno, hay que soltarlo, déjelo que se mueva. A lo mejor, si podrá usted después en otro aspecto ayudarlo, pero cuando esa persona se abra. Pero, la mejor medicina que tenemos es el ceder. No hay conejillos de indias en esto, hasta donde uno pueda, humanamente hay que reconocer los límites que uno tenga. Si no reconocemos los límites, no podemos.

Cuando alguien fallecía en la antigüedad, a un médico le colocaban faroles afuera, si se le habían muerto 10 personas, le colocaban 10 faroles. Alguien estaba enfermo y empezó a buscar y no hallaba a donde llegar porque veía muchos faroles. Y por fin encontró un médico que no tenía ni uno sólo, y se vio ahí, y lo auscultaron, le enviaron tratamiento. Y le dice:

"¿Disculpe, pero le voy a preguntar doctor, y eso que usted no tiene ni un farol?".

"No, yo abrí el consultorio esta semana".

Entonces, la naturaleza real del ser, es como lo plantea el Budha: *"Nacimiento, enfermedad, vejez y muerte"*. Es una realidad del ser humano. Hay cosas, donde no vamos a poder, donde no vamos a poder, en esto hay límites. Pero donde no hay límites en el auto-cultivo. Cuando usted logre entender su propia naturaleza y la de los demás sabrá que hacer. Es el entendimiento de la auto- naturaleza, la que nos ha signado el cielo. Entender esa naturaleza, es la que nos va a dar la verdadera fuerza para actuar. Actuamos sin temor, con causas y saber cuándo tener, cuando retraerse, cuando pasar. Eso, eso es la claridad de uno.

Es obligatorio que ustedes en algún momento, empiecen a hacer prácticas de auto-cultivo y si pueden hacer la Meditación excelente. Porque la Meditación es un deber, es lo que tengo, que hay aquí dentro de mí, que es lo que tengo para aportar o para desarrollar o que no he desarrollado y que es lo que me sobra, que es lo que me falta. Esa verdadera realidad, es cuando uno se confronta con uno mismo y cuando uno *ve*. Porque en la cotidianidad, "ver qué está saliendo de ustedes". ¡Ah!, sale odio y sale rencor, ¿y esas cosas de donde están saliendo? Porque no sabemos de dónde. Entonces, necesito sanarme, no solamente sanar sus heridas, sanar un hueso. Necesito sanarme, ¿de dónde surgen estas condiciones?, condiciones

negativas, abruptas, dañinas, a veces que nos deterioran o deterioran a los demás, o les deteriora la vida a los que tengo *en* el entorno. ¿Eso es sano? Por eso no tenernos familias sanas, porque no tenemos relaciones sanas, no tenemos conceptos sanos, no tenemos vivencia sana, eso es una enfermedad. La Medicina China, tiene que tratar eso también. Y solamente el que tenga más experiencia sobre el interior, podrá tener más resultados para poder ayudar a los demás. Pero experiencias y no conceptos, casi todos tenemos conceptos, ideas. ¿Cuánta gente no consigue uno con infinidad de conceptos, teorías, lo que sea?. Pero para trabajar el ser humano, esas cosas no funcionan. ¿Cuánta gente, estudia, tiene postgrado, lo que sea, han ido a todos los países a hacer el postgrado, doctorado?, pero cuando tienen un divorcio, cuando tienen un problema de salud, cuando tienen una pérdida familiar, allí se desploman y se desbocan y no tienen nada que hacer. Quiere decir que no hubo cultivo, solamente hubo información, pero lo que respecta a la vida, "raspado", no pasan el examen respecto a la vida. ¿Pero saben que es lo que más necesita la gente cuando va a nuestros consultorios, cuando uno los escudriña en verdad? Necesitan es una expresión para la vida y no saben cómo entrar en ese campo. Entonces, eso duele porque uno siente que, dentro de cada ser humano, lo que está implícita no es la enfermedad, es el sufrimiento. Es el sufrimiento, ¿cómo trascender *el* sufrimiento? Bueno hay mecanismos, hay diálogos. Bueno eso es parte y parte.

Hoy esperaban, a lo mejor, traer muchas cosas, pero traía la práctica del auto-masaje, como una propuesta de sanación para despertar lo más sutil. Si se dan cuenta, empezamos con un ejercicio que se dice: "Lavar el rostro". Nuestra imagen y semejanza, ¿usted cree que es lavar el rostro nada más alimente? ¿Qué es lo que yo le muestro a la gente?, ¿cuál es mi verdadero rostro?, ¿qué es lo que le muestro a la gente? ¡Ah! pero, ¿tengo la verdad puesta en mi rostro o tengo miedos, tengo odios, tengo ira, ando a escondidas?, o "¡Estoy muy bien!", o digo: "¡Estoy muy bien!", y me río; pero en el fondo estoy tan triste y lleno de dolor que no estoy bien nada. Por eso es que este ejercicio se llama "Lavar el rostro". Y el último se llama, "Ajustarse la camisa perezosamente al cuerpo", sigue así también el sentido de luz, es un sentido de luz, es volver a recuperar mi naturaleza original, donde soy un ser luminoso. Este auto-masaje, no es tan simple como se ve. Está basado en que se empieza a mover todos los canales de energía de mi cuerpo y se empieza a usar mi naturaleza e imagen y semejanza con el cielo. Pero imagen y semejanza con el cielo que pasa por diferentes estadios. Y cuando limpio aquí, en la séptima cervical, estoy limpiando el lugar donde se unen lo espiritual y lo material, aquí está el mundo de las ideas y aquí está la Conciencia Suprema; entonces aquí está la Conciencia Ideológica. Es como quitarle allí todas las cargas desde que-usted se fue pero que permiten conectarme con lo Supremo. Entonces, todo lo que voy haciendo dentro del masaje, es irle dando unas características que vayan despertando mi ser de luz para cuando esté listo, ¡Ya! poder entregarle a los demás, las manos o a mí mismo. Pero lo que estoy haciendo es una limpieza de mi ser, no solamente quitando dolores de mi cuerpo, es quitarme todas las cargas que le he puesto al espíritu para que puedan manifestarse libremente, porque lo hemos oprimido y comprimido. Los maestros dicen, que sería como: *"Poder ver el rostro que teníamos antes de que nacieran nuestros padres"*. Este es el verdadero rostro. ¿Cuál es el verdadero rostro?. La esencia, Ti, la esencia de uno mismo. Cuando logro ver mi esencia, entro en sanación.

Espero que esto que hemos estudiado hoy, no se quede en los cuadernos, no se quede en las gavetas.

Cuando yo era muchacho le decíamos a los eruditos de nuestra época. Nosotros tratando de comprender y buscando técnicas y enseñanzas, estábamos con hambre. Y muchos de ellos, para tener control de las instituciones andaban con sus libros metidos debajo de los brazos y los llamábamos "los sobacos ilustrados". Es como decía Jesús, el Cristo: *"En el futuro la verdad vendrá en espíritu y verdad"*, es en el corazón del ser, el lugar donde tenemos todas las enseñanzas que nosotros podemos despertar. Cuando despertamos a esa conciencia no tenemos más dudas.

En verdad les invito a seguir adelante en esto, es muy hermoso. Y es muy hermoso tener a la mesa para poder dar la mano a otras personas en sus necesidades. Muchas veces nuestras sociedades se basan en el empuje, en empujar a la gente para que haga las cosas; pero el que empuja va detrás, ese es el *Tao*. Y el que ayuda o sirve va delante, no necesita hacer esfuerzos. Los invito a que retomemos este proceso de poder tener herramientas con *Qi (chi)* y prestar servicio. No solamente, repito, para una enfermedad, sino para la peor de todas las enfermedades, el temor. Todo ser humano dentro tiene amor; y todo ser humano tiene necesidad de amor; y dondequiera que uno llegue es lo mismo.

La vida es como diferentes círculos y cada persona es un círculo y hay encuentros. Esos encuentros son producto del movimiento del karma de cada quien.

Pero lo que, si la necesidad existe, el sufrimiento existe y la felicidad también existe y es un proyecto cesar el sufrimiento. Esto lo dijo Budha, no son mis palabras, eso es lo que dice el budhismo. La cesación del sufrimiento se puede dar para que aparezca la felicidad plena, no sólo la felicidad.

Y la felicidad, a Bhudha le preguntaron:

"¿Y qué es la felicidad?"

Dijo:

"Es ausencia de sufrimiento".

Que hermoso, ¿la felicidad qué es?, ausencia de sufrimiento. Cuando ya usted no sufre por nada, de nada; aunque tenga un brazo roto o que le falte una pierna y si no hay sufrimiento, ahí está. La felicidad no dice: "Ausencia de enfermedades". Dice, ausencia de sufrimiento, me parece que es una respuesta maravillosa.

Les agradezco que me hayan permitido compartir con ustedes y les felicito por estar en este camino.

"Taller - Esquema de 108 Posturas"

Por más que uno repita los movimientos, es el interior que hace que perciba que tengo que encontrar aquí. Alguien le dijo a una persona después de algunos años, ya estaban viejitos los dos, los dos partieron al inicio con la misma búsqueda. Pero ya cuando estaban viejitos. Ellos se separaron cuando estaban adultos, jóvenes, fuertes y cada uno decidió seguir su camino para ver cómo lo lograba. Pero el otro todavía seguía siendo un buscador siendo anciano; y el otro no, lo había alcanzado y trabajaba de barquero.

El otro le tocó llegar y le dice: "Me parece que te conozco".

Ya ni se reconocían porque estaban barbuditos, peludos, ya la edad. Entonces, el otro le dice: "Si hermano, gran parte del camino estuvimos juntos, hoy me toca a mí llevarte en mi barco".

Entonces el otro le dice:

"¿Y qué has encontrado?".

Entonces, le dijo:

"Una sola cosa, dejé de buscar".

¿Cuándo usted va a dejar *de* buscar? Pero la otra cosa es, ser un buscador. Fíjese la diferencia, aquel dejó de buscar porque llegó, hay otros que dejan de buscar sin haber llegado. Entonces, a veces se necesita la experiencia, pasar por días, por meses, por años y hasta que uno lo logra. Pero la cuestión es la persistencia. Yo digo siempre: *"Esto es como una mazorca de maíz una se desgranan, otras se lo comen los pájaros y hay unas que quedan firmes y maduras"*. ¿Nos da para sostenerse allí?.

Alguien me decía, un alumno, él es muy bueno, ha sido campeón nacional y todo. Pero nunca ha querido estudiar la parte interna a profundidad, y tiene como 15 años conmigo. Ahorita le dimos la oportunidad de conformar el grupo que va a trabajar con Falcón. Yo le digo más o menos la introducción de lo que va a conversar ahí con la gente, del trabajo que va a hacer, él es muy bueno en la parte física, es muy buen muchacho y todo. Pero en esto no es suficiente ser bueno, hay que ser consciente, eso es mayor que ser bueno. Entonces, yo le doy las pautas y le digo más o menos, y desde cuando venimos como organización, desde los años 70.

Y yo le dijo:

— "¿Y quiere ver que es verdad?", le busqué algo, "mire los años 70".

Entonces, él me dice:

"Y que bueno, y mire todo lo que hemos llegado a hacer, trabajos en grupo".

"¿Usted cree que era eso? Mire: fotos de los años 70 haciendo actividades con grupos, organizaciones, vegetarianismo, naturismo, y en todas las comunidades a hacer trabajos, a los campos, a todo. ¿Usted cree que esto es de ahorita?".

Entonces, él me dice, se queda, así como mirando el techo y me dice:

— "No, 15 años, y ahora a lo mejor me va a tocar unos 15 años más para poder empezar a entender".

Es un muchacho, jovencito. Ahora sintió como un despenar de su necesidad.

Y dijo:

— "Shifu, cuando venga, dígame como comienzo, no sé corno comenzar".

Imagínense, no sabe cómo comenzar, porque la parte interna, si uno lo lleva a la par es mejor, porque va creciendo con las dos, pero si uno la descuida, cuando la vida se la pida, por el mismo karma que uno produzca, va a ser muy duro. Y uno se da cuenta ¿y si ya no hay tiempo?.

Y yo le digo:

— "No es lo mismo la experiencia de alguien que tiene 20 años entrenando su cuerpo, y de alguien que tiene 20 años entrenado su cuerpo, su mente y su espíritu. La diferencia es grande: -

Cuando íbamos caminando, yo lo acompañé hasta una parada porque era muy tarde de noche y estuve ayudándole con el trabajo que se llevaría para Falcón, yo le digo:

— "Mire, imagínese que usted y yo somos el cuerpo y el espíritu y estamos caminando por la vida, *va* a llegar un momento en que el cuerpo se cansa y el espíritu sigue caminando. Eso va a pasar en todos los cuerpos de todos los seres, y habrá un momento en que el cuerpo entra en desgaste, pero si el espíritu tuvo crecimiento, sigue creciendo, si no usted cuando llegue aquí con el cuerpo agotado y cansado ni siquiera ...se pierde la capacidad de unidad.

Entonces me dice:

— "Shifu, no siga porque me va a hacer llorar"

Claro es un trabajo, uno tiene que despertar y las oportunidades siempre han estado, pero uno no ha sido un buscador. La diferencia de este buscador, el buscador que dejó de buscar porque se salió y el buscador que dejó de buscar porque ya llegó, es diferente. Jesús decía: "El *que busca encuentra, buscad y hallaréis"*, está hablando de lo espiritual. Cuando uno busca, recibe la asistencia. Mire, cuando uno tiene ganas de buscar y de encontrar recibe la asistencia del cielo, eso no falla, ahí está, empiezan a aparecer todo lo que uno necesita.

Necesita a la luz. Entonces, el hombre para poder ser un ser de luz, tiene que seguir esos ritmos, debe realizar estas vivencias. Pero nosotros no tenemos como modelos a la naturaleza, tenemos modelos occidentales, de moda, de todas esas cosas. Y no seguimos los ritmos del cielo, los ritmos de la naturaleza no los seguimos. Y está, también errado en la vivencia que también queremos un contacto directo con Dios. Cualquier problema es Dios, Dios, Señor, Señor dame. Es muy probable como decían los hebreos que si nosotros estamos ante la presencia de Dios moriríamos. Porque la capacidad nuestra no está todavía, ni siquiera pasar a la presencia de los ángeles, porque no tenemos una actitud que esté cónsona con las energías celestes. Tenemos una actitud que todavía ni siquiera entre los humanos nos llevamos bien.

Entonces tenemos conflictos permanentes. Por lo tanto, nuestras prácticas siempre tienen que ser, por ejemplo, ir sin base, a ir desarrollando *y* a crecer y a tener intermediarios. Por eso las escuelas chinas plantean que uno tiene que, primero trabajar con uno mismo, después pedir la asistencia de los seres que la hayan encomendado. Uno no dice: "Señor", sería como una falta de respeto en oriente, llamar a Dios directamente. Los hebreos también lo saben, ni siquiera lo nombran, no lo nombran porque saben que es una falta de respeto. Y dicen que primero debemos pedir la asistencia de las fuerzas encomendadas para ayudar a uno que son las fuerzas de la naturaleza, las fuerzas del entorno, las fuerzas individuales que le han dado a uno; y además de eso, a los seres asistentes, a los que le hayan puesto a uno para asistirnos, en este plano y en el plano celeste. Aunque uno no lo sepa, siempre hay la asistencia en ese plano. Pero es lo primero que uno debe hacer. Por ejemplo, cuando hacemos el primer saludo, este es un saludo a los santos, a los patriarcas, a los maestros, a los practicantes, a todos los seres; porque esto es parte de la asistencia nuestra. Todo el que esté practicando es parte de nosotros, eso se llama Shanga, unión, *grupo,* porque la fuerza de ellos también nos está ayudando y nos está dando una asistencia. Al recibir la asistencia de los que nos ponen como guías o como seres dentro de seres. Uno siempre, cuando va a hacer sus prácticas, esto ténganlo en cuenta, siempre que vayan a hacer sus prácticas, así sea en casa, hagan un saludo a lo celeste, a los seres asistentes, a todos ellos para que esa energía siga ayudándolos en cada instante. Es más, cuando ustedes practican, esa energía, seguro, se va con ustedes.

Hay el karma benéfico de los santos y maestros y de los practicantes, pasados, al centro y actuales.

Nosotros, en cierta manera, estamos sanando nuestra línea ancestral. Con las prácticas nos estamos sanando, estamos sanando la energía ancestral y estamos sanando la energía futura porque estamos recibiendo la bendición de los maestros y santos del pasado, aunque uno no lo vea o no lo crea eso sigue sucediendo. Un dicho taoísta dice: *"Un árbol en el bosque pare, nadie lo sabe, pero pare".* Y se está refiriendo a lo espiritual. Lo espiritual se sucede, nadie lo ve, pero sucede, ahí está sigue existiendo.

Cuando hablamos del *Tao*, el *Tao* es energía primordial, es infinito. El *Tao* se despliega, en el principio, se piensa que la vacuidad era lo primordial, esa vacuidad se le llama *Wu Chi: Wu* es vacío; *y Chi*, energía.

Este *Wu Chi*, al principio era para representarlo. Pero el Wu *Chi*, cuando aparece la energía, luego aparece la energía unitaria...Wu chi.

Wu: vacío

Chi: energía

Energía unitaria

Toda esta energía es una sola, la unicidad. Pero después de la unicidad comienza el movimiento y este movimiento es una agitación *del Inn* y del *Yang*.

Movimiento Agitación del Inn y Yang.

Primero aparece el *Inn*, (este es el movimiento, en la figura). Y la primera energía concreta es el *Inn*. Pero dentro del Inn, todavía hay movimiento, el *Inn* no sigue sólo siendo *Inn*, no sólo sigue la quietud. O sea, es interesante cuando en el texto hebreo, dice: *"En el principio el espíritu de Dios aleteaba sobre las aguas, y las aguas celestes se separaban de las aguas terrestres"*. ¿Saben de qué está hablando?, ¿no tienen idea?, está hablando de la separación de lo espiritual de lo material y está representado aquí. Las aguas celestes con el *hui* y el *Yang*. El mundo horizontal donde se representa y cuando comienza la nueva energía, eso está en el *Tao* aquí, es la Teología.

Entonces luego cuando aparece el ser humano, es un hombre parado mirando la bóveda celeste y la tierra.

El verá si la bóveda celeste y la tierra debajo, pero dentro tiene la dualidad.

Hombre parado Bóveda celeste.

El hombre dentro tiene la dualidad. Guetel decía: *"Es como dos fuerzas, una llevándolo al cielo y la otra al infierno"*. Siempre tenemos dos fuerzas, uno empieza a hacer las cosas más morales o más educadas y siempre hay un lugar donde uno cae. Termina peleándose con este o algo hace uno que parece que hay una fuerza que lo hala para allá. Pero también, queda todavía las ganas de seguir sufriendo y vuelve uno; entonces eso es un Inn y *Yang*.

Pero cuando uno hace esas dos cosas así es el sol, con dos pájaros cubriéndose de luz. Así también se escribe sol y esto es el primer rayo de luz que sale en la mañana. Todo esto junto, representa la luz.

Repito, este cuadrado que está aquí, es un sol con dos aves volando. Usted ve el sol allá, aquí ve las montañas y ve el sol y das aves atravesando, porque en escritura se pone así. Y esto que está aquí es el primer rayo de luz que sale en la mañana, como si fuera un rayo. Entonces, todo completo, se dice Bai que quiere decir blanco también. Pero aquí van a ver, esto también representa un hombre parado mirando la bóveda celeste, lo que él tiene dentro y la tierra. Un hombre parado, mira la bóveda celeste, pero hay una dualidad que tiene dentro y aquí arriba vemos dos ojos mirando hacia adentro para verse a sí mismo, son las dos cejas. El hombre buscando ver su interioridad:

Dos ojos mirando su interioridad.

Aguas celestes con el **Inn** y el Yang

Entonces dentro del *Tao*, también está el hombre, tratando de ver su propio Tao, su propia luz, porque decimos que él además de ser modelo, en la luz. Si vamos de aquí para adelante es la creación (de izquierda a derecha e figura siguiente), si vamos de aquí para acá es la integración (de derecha a izquierda en figura siguiente).

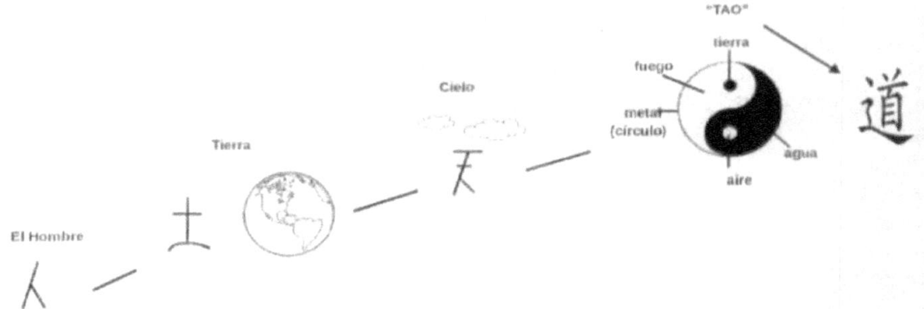

Entonces el hombre también es luz y cuando hablamos de Tao, entonces vemos que e hombre también tiene su luz interior.

Pero dentro del Inn tiene *Yang,* entonces aparece el *Yang.* Aparece al *Yang* dentro de Inn, empieza a crecer el *Yang,* el movimiento otra vez. Esto se llama pequeño *Yang.*

Luego aparece el gran *Yang,* el pequeño *Yang,* va creciendo, creciendo y aparece el gran *Yang.* Cuando el gran *Yang,* se expande, se expande, aparece el *Inn.*

Cuando el Yang empieza a recogerse, a recogerse y viene a aparecer el *hm.* Ahora aparece todo:

En un principio, dice la Biblia, no dice en el principio. ¿Saben por qué dice en un principio? Porque hay varias creaciones no una sola, no es un sólo principio, en un principio. Dice: "Los elogia", ¿saben lo que es "los elogín"? Los dioses, no dice Dios. Dice: *"Los elogin crearon el cielo y la tierra".* Y dice: "Y *fue creando en* seis días, *un, dos,* tres, *cuatro, cinco, seis.* Y en *el séptimo se recreó de* su *obra".* Todo estaba completo. Es el mismo principio de creación. Me gustaría que el texto de Génesis lo lean, cuando dice de la creación. Y dice: "Y *Dios vio lo que era bueno".* Todo este principio, sale de la nada.

Entonces, dice: *"En el principio, las aguas celestes estaban separadas de las aguas terrestres".* O sea, la energía espiritual no estaba integrada con la energía material, se separaron para poder hacer creación. Y luego, toda esta energía es sinuosa, se movió, lo tenían aquí del origen.

Entonces, estas aguas se movían. Uno, dos, tres, cuatro, cinco, seis, siete, ocho, nueve, diez y once; cada uno es una ruta, son los 11 ejercicios del 108. En el 108, usted está tratando de hacer el roo. O sea, de expresar como se mueve la energía del cielo, del hombre y de la tierra y corno todo hacen el infinito. Y es así, aquí está la dirección:

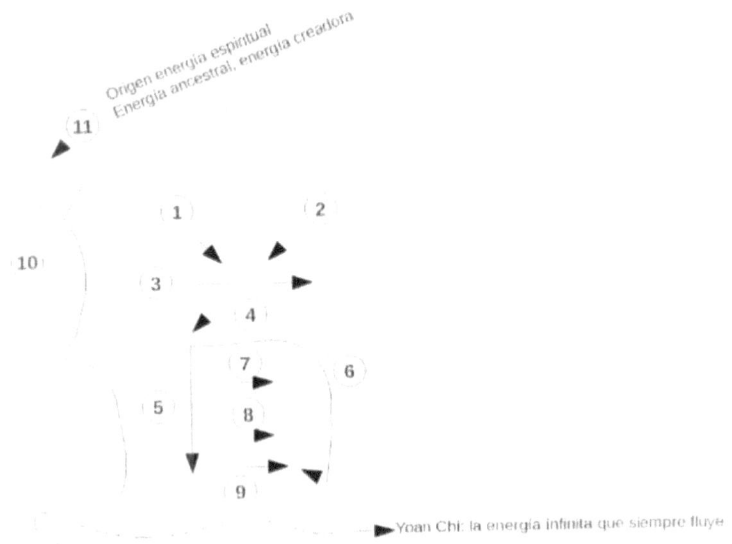

8, 9 y 10 es la conformación de la energía, de arriba a abajo. El cielo, el hombre y la tierra: 5, 6, 7, 8 y 9. El 10, tiene forma como un tres para hacerlo más sencillo. El 11, es la energía creadora, *Yoan Chi, "La energía infinita que siempre fluye"*. *Yoan Chi* ve cómo va fluyendo, como un río, A esto se le llama el *"Dragón Celeste"*. Y *el 11 es* la energía ancestral más antigua, es lo más antiguo, la energía que viene del origen, de la creación: Por eso cuando usted dice, en lo último, subir a la séptima estrella, es volver a esa conexión con esa energía espiritual profunda. Cada ruta es igual, la primera, la segunda, etc. Cada trazo es cada una de las rutas, se podría decir: cada una espiritualmente, filosóficamente, ...en cada una de esas rutas, como está la energía. Pero aquí está toda la energía de la creación.

Esta es la forma como se va expresando esa energía, el *Inn*, el *Yang*, de dónde nace, el *Chi*, toda esa energía. Y cómo ese movimiento se da en 7 niveles y esos 7 niveles, son los 7 centros de energía, los 7 chakras. En esos 7 chakras, están los niveles de la creación; y en el último, en el séptimo, es donde está la energía primordial, la que nos conecta con la energía luminosa del cielo. El séptimo, se llama *Tian li chi. (Tian* se pronuncia tien). Este está en la cabeza.

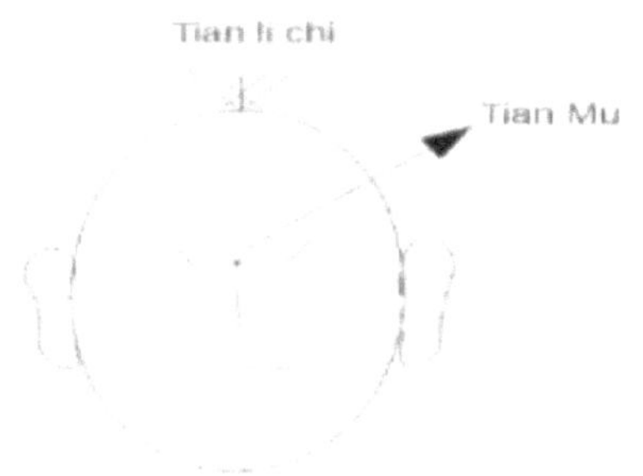

Tian Mu, ojo celeste. Estos dos son muy importantes *(Tian li chi y Tian Mu)*, porque los dos corresponden a energías celestes. Cuando uno sube, es para conectarse con esa energía celeste. Y cuando uno limpia los costados, aquí estoy limpiando la energía dual.

Dice La Tradición que, en alguno de esos 7 pasos, se creó el hombre y el hombre vino dual, *y* la mujer fue tomada del costado del hombre. ¿Qué quiere decir eso? Aquí está un costado y aquí está el otro, es el *Inn* y el *Yang*. O sea, de la energía espiritual se tomó la izquierda y la derecha, se tomó la polaridad positiva y la negativa. Pero algunos no entienden eso, pero como todo lo celeste tiene correlación con lo físico.

Había unas tribus que estaban al costado de Alama, un lugar que se llamaba Alama. Esos sectores eran de África y fueron tomadas las tribus que originaron un crecimiento espiritual, se les entregó información.

Según esas expresiones, el hombre tendría 6.000 años en el planeta, se han encontrado fósiles de 40.000 años.

La Eva mitocondrial, una mujer, los genes que ella tiene los tienen todas las mujeres del planeta y ahora la consideran la madre de todas las mujeres, un fósil, todas las mujeres del planeta tienen la misma estructura genética de ella. El gen se llama, el gen de la Eva mitocondrial. O sea, es en la mitocondria, en la célula.

¿Cómo es posible que todas las mujeres vengan de una sola? Parece que las informaciones religiosas tenían razón, vienen de una sola. Ahora, ¿esa mujer, de dónde vino? No fue que se la sacaron de la costilla del hombre. Están hablando de eso, de la energía, de un costado, del otro costado.

Entonces, cuando uno hace la práctica espiritual, este punto que está aquí el "Intran", es esto mismo, está tapándose la nariz. La nariz, voy a conectarla de aquí. Ahora miren esto voy a abrirle la boca, voy a ponerle los dientes. Esto que está aquí es un hombre meditando, tratando de que su energía espiritual luminosa se abra, se vea. Entonces, tiene la boca abierta para poder producir sonido, el verbo. Poder integrar la luz y el verbo.

Porque en la naturaleza, la luz se corresponde a la energía expansiva de Dios; y el verbo, a la energía que se contrae, vibratoria. Entonces el verbo queda conformado, esto es verbo (un pupitre), porque es una energía vibratoria. Todo en el universo está en contracción y en expansión, la luz se va expandiendo y la vibración va creando formas, va originando la parte del inundo material. La dualidad de la divinidad es la luz y el verbo.

Por favor, léanse el Génesis para que comparen un poco con lo que estamos hablando, la parte occidental; y léanse a Juan, las primeras de Juan, dice: *"En el principio era el verbo, y el verbo estaba frente a Dios; y luego, el verbo se hizo carne"*. ¿De qué está hablando? Como la estructura inmaterial, se va conformando en una estructura material. Y entonces, dice: "Y *este hombre iba a ser luz del mundo"*. O sea, tenía como modelo al cielo, a la luz, tenía como modelo al cielo.

Por eso Jesús decía:

"El reino de Dios está en nosotros'.

Unos le estaban haciendo unas preguntas y él les dijo:

"Antes de que Abraham fuera, ya yo era".

¿No les parece extraño, Abraham había venido 5.000 ó 6.000 años atrás? Todos se quedan sorprendidos y le dicen:

"No tienes ni 50 años y te crees más que nuestro padre Abraham".

Y él les dijo:

"Es que acaso no habéis leído, dioses sois".

Escuchen lo que dijo Jesús: "No habéis leído, dioses sois". Por eso es que entiendo porque en los salmos de David, dice que somos dioses. Tenemos una energía espiritual divina, no quiere decir que nosotros somos dioses creadores. Tenemos la energía espiritual divina y esta energía espiritual divina hay que verla.

Pero miren esto que está aquí, es esto, un zapato, esto es un pie que avanza:

Entonces, una cabeza que medita y un pie que avanza. Por eso *Tao* quiere decir: camino. Camino, ¿para qué?, ¿para retornar a dónde? Al origen, a lo celeste. Por eso, esto que está aquí es el origen, la energía original. Entonces, Feo es el camino del retorno al origen, de dónde venimos, de dónde sale la energía original de nosotros, es reconocer nuestro origen.

Pero también. *Tao* significa verdad. Lo podríamos explicar: el *Tao* de los hombres, incluye la verdad del hombre, su dualidad, su manifestación, femenino, masculino; el *Tao* de la tierra, incluye la verdad de la tierra, las estaciones, los cambios, su modelo; y el *Tao* del cielo, incluye la verdad del cielo, ahí es donde la mayoría de nosotros no tenemos información, creemos en él, pero perdimos la información. Ha pasado un proceso que, en el principio, nosotros estábamos unidos en las aguas celestes. Las aguas celestes, por eso decían los antiguos el ciclo del agua, nosotros venimos del ciclo del agua, del Yin, la energía original.

Pero, no solamente de las aguas del mar, venimos primero de las aguas celestes, o sea de las energías etéreas celestes. Cuando nos creamos, todavía tenemos tan cerca el ombligo de los creadores, que principio se dice en China, en India, en donde esté, en todo, que nosotros andábamos a la par con seres celestes. En la Biblia dice algo más complejo: "Se procrearon seres de la integración entre los seres celestes y los humanos; y tuvieron hijos entre los ángeles y los seres humanos". Entonces, en el principio la unión con cielo estaba muy cercana. Después esos seres se fueron yendo y fueron creados todos los santos, los santos, después los patriarcas, los sabios. Después de los patriarcas como: Moisés, Fu Shi (en China); o como algún otro en India. Luego quedaron los patriarcas que fueron los grandes maestros, los grandes jerarcas de la enseñanza. Después quedaron los grandes maestros. Después de los maestros, estamos bien lejitos nosotros. Pero ahora, en esta etapa que estamos, nos dejaron a nosotros *y* las disciplinas quedaron. Ya ellos cumplieron su ciclo, es un ciclo de evolución. Pero también es un momento, los hebreos lo explican muy bien, ellos dicen que nosotros somos una prueba. Dicen que por eso hubo la lucha entre los seres celestes y apareció Lucifer. Si ustedes leen los hebreos, Lucifer no era un ser contrario del mal, se reúne con Dios, lean a Jacob, se reúne con Dios y le pide permiso para probar a la humanidad y se lo da. Le dice: "Bueno, pruébalo". No le está diciendo que no y si fuera un enemigo de él ¿no lo eliminaría?, no lo está eliminando...los seres no creían. La mayoría de los seres de mayor jerarquía en lo etéreo, no creían que el hombre podría ser un proyecto entre la creación. Porque se piensa que el hombre es un proyecto, donde la naturaleza divina puede verse a sí misma, a imagen y semejanza. Si nosotros descartamos la realización.

Cuando a Jesús le preguntaban:

— "Muéstrame al Padre".

— "Yo soy quien te habla".

¿Qué le está diciendo?, ¿no ve? Ah, está ciego, no puede ver porque yo lo que estoy es a "imagen y semejanza de Dios" y estoy en este momento integrado con esa entidad, ¿no la ve?. ¡Ahora tú tienes que trabajar por lograrla! Por eso los grandes maestros dicen que son dioses. A veces la gente los confunde con Dios creador. No, son una unidad con Dios; por lo tanto, no son separados de él. Cuando usted es una unidad con eso, eso será usted. Cuando usted es una unidad con esta escuela, usted la misma zona educativa. Esto no tiene ni que usted sea el presidente, ni que usted sea el ministro, no, usted es uno con la educación. Entonces, el sentido de unidad no lo entienden algunos, empiezan a creer que los seres que vinieron en nombre de Dios, son el Dios del origen.

Pero, sin embargo, Jesús decía:

"Antes de que Abraham fuera, ya yo era".

¿Qué está diciendo? Está diciendo:

"En la creación ya hay un proyecto y yo estoy en este proyecto también, aquí estoy ¿no lo ven?".

No, no tenemos la capacidad para ver eso todavía. Todavía hay mucha gente que no tiene la capacidad para ver eso, se volvería un conflicto. Esto que yo les estoy hablando, esto se quedará por ahí guardadito, esto no se puede conversar con mucha gente, lo ven cuino un fanatismo, lo ven como algo errado; o si son de una corriente religiosa, errónea. Entonces, es para nosotros conversarlo un poco y quedará algo por ahí para estudiarlo. Pero yo lo estoy dejando en ese sentido para investigar, "yo no estoy enseñando", escuchen esto, "estoy compartiendo mi forma de aprender". "Yo no estoy enseñando, estoy compartiendo mi forma de aprender"; así también aprendo y estamos aprendiendo. Y estoy dejando esto para que investiguen, para que lean, para que se enamoren de esta enseñanza. Y se van a dar cuenta, es tan maravilloso, eso siempre ha estado allí, pero uno no tenía ojos para verlo. Como el que se le perdió las llaves y se sienta a descansar y cuando ve así, entraron aquí. Y dice: "Cónchale, me cargaron aquí, ¿desde cuándo?". Yo se les voy a decir corno el poema japonés:

"Salí a buscar en el bosque durante la noche.
Ya los pastizales estaban oscuros.
Descansando escuchaba los grillos y los sonidos de la noche.
La penumbra se abalanzó sobre mí.
Miraba las estrellas que respiraban profundamente.
Y me di cuenta que todo estaba hecho del mismo oro, la unidad.
Todo estaba hecho del mismo oro y nada era diferente.
Y en ese sentimiento profundo,
recuperé mi conciencia de darme cuenta
que andaba buscando lo que nunca se me había perdido".

Eso somos nosotros, andamos buscando lo que nunca se ha perdido, salimos y salimos, aquí corno este dibujito, y no lo vemos. Estamos buscando a Dios, ¿y se perdió? Los perdidos somos nosotros.

El *Tai Chi Chuan,* es más profundo de lo que se cree, no solamente una práctica para hacer ejercicios. Esto es una práctica de recuperar lo sagrado, es una práctica de recuperar nuestro contacto con el origen, es una práctica de recuperar la esencia de uno mismo y una práctica de volver a encontrarse con esa fuerza que lo creó. Por eso dicen los maestros: "Es *verse cora a cara, caro a cara con el origen".* O como les dije anoche: "Es *como ver nuestro propio* rostro, *ames de que nacieran nuestros padres",* fuera bueno ahora, encontrarse con esa energía original, esa divinidad, esa fuerza. Pero ¿dónde la estamos buscando? En un cielo conceptual, un cielo etéreo. Vamos a buscarla aquí y desde aquí. Les voy a decir un cuento, suena feo, pero así lo cuentan mucho: En China las letrinas, todavía las hay. Y hay un palo para limpiar las bocas de las letrinas porque se llenan de pupú.

A un maestro le preguntaron:

"¿Qué es Dios?".

Y dijo:

"El palo de limpiar la mierda". Y...

les dijo:

— "Los que no lo pueden ver ahí, no lo verán en ninguna otra parte porque está en todo".

O sea, el rollo es los conceptos de nosotros, el amaraje. Pero la dualidad es un proceso de transformación para poder integrarse. Mire, ¿cómo partió de allá?, ¿a dónde? Otra vez a lo mismo. Aquí solamente que está en movimiento y al estar en movimiento, crea todas las cosas. Crea a los seres, las plantas, los animales, los universos. ¿Y todo se crea? Mejor todavía. En cierta forma este proceso, es un proceso de rectificación. Uso esta palabra porque no me gusta el modismo. En vez de utilizar una palabra de evolución, pero es rectificación, se va rectificando el universo. El universo se está rectificando, los universos, las estrellas, el cielo, los planetas, nosotros mismos estamos en ese proceso. Pero saben que es importante, tomar conciencia de que estarnos en una rectificación porque si no no seguimos evolucionando, nos quedamos estancados y pasamos por esta vida como adormecidos sin darnos cuenta de nada. Entonces, es un proceso de rectificación en que nosotros estamos.

Estas 11 rutas, es el *Tao*, indican: *"Camino, verdad y vida"*. Y repito, esas verdades que otros no ven.

Unas verdades que están allí que nadie las ve. Como decía ...: *"Buscamos lo que no se ha perdido, creemos que este mundo es lo único que existe"*. Pero hay unas interconexiones entre nosotros y entre la vida, entre todos y esas no las vemos. Pero cuando logramos penetrar en estas verdades, nos damos cuenta que hay verdades más profundas que los conceptos sociales, Y vida, todos los 11 trazos, representan la vida, es la vida. Ahora, ¿cómo se mueve usted allí? Buscando, enrollándose, preocupándose. En, ¿cómo hace usted el *Tai Chi*? Así, igualito, así es la vida. El día que usted anda azarado, se mueve azarado; el día en que usted anda preocupado, se mueve preocupado; el día que se encuentra feliz, se siente: "¿Ah! Hoy el *Tai Chi* si fue sabroso". Es mentira, es usted, sigue haciendo su proceso ilusorio, tratando de rectificarse, hasta que se rectifique; cuando se rectifique, vive en su propia verdad. Ahora, ¿mi verdad será la verdad absoluta? Ah, *tiene* que seguir buscando. Ghandi dijo: *"He encontrado mi verdad"*. Escuchen lo que dijo:

"mi verdad, mi verdad personal, me gustaría encontrarme con otras personas que la hayan encontrado para que juntos busquemos la verdad absoluta". Es humilde, no dijo: "He encontrado la verdad", dijo:

"de mi verdad, pero quiero compartirla con otros para que encontremos la verdad absoluta", es un trabajo.

Pero también Jesús dijo: *"Yo soy el camino, la verdad y la vida. Nadie va al Padre sino por mí"*. O sea, es como retornar al Padre, al origen. Entonces Jesús ¿qué le está diciendo?, le está diciendo: mire esto se puede, es posible, es un trabajo que se puede hacer. Pero claro si no se entiende bien eso, uno se queda fuera de lo que es el contexto de la forma como él lo manifestó y *el* contexto en que lo dijo. El proceso del retorno es un proceso de rectificación de uno. ¿Qué está rectificando? Escuchen: *"Rectifiquen su mente, su pensamiento, su palabra, su hacer; su sentir"*. Todo eso hay que rectificarlo. Cuando rectificamos el hacer, el ser y el sentir, tiene que haber un cambio en nuestra vida. El hacer, el ser y el sentir. Si rectificamos esas formas tiene que cambiar nuestra vida grandemente. Es un proceso de rectificación, esto es Ta*i Chi*. Y ese proceso de rectificación se llama así: *Disciplina*. Entonces, repito, unos buscarán *y* se irán. Pero eso no quiere decir que no sigan en la rectificación, ahí tenernos que no ser fanáticos. No es, el que no está con nosotros, no es que no va alcanzar nada. Es que, no le sirve este método; a lo mejor le sirve otro; a lo mejor, no usará ninguno pues se quedará. Pero el que sigue en rectificación, si no le sirvió este método, si es un buen buscador, busca otro que le sirva. A algunos nos sirve este, yo lo he usado toda mi vida y es el método con el que me he rectificado. Y la propuesta ideológica de la misma Institución y de la misma Tradición, sirve para rectificar. Cuando me salgo, tuf, me doy un palo por la cabeza y me meto, tengo unas cosas para darme yo mismo...

Hay que tener este proceso de rectificación, porque es el que me hace evolucionar, vamos a decirlo, así como se dice en moderno; pero la Tradición dice rectificación, dice: *"El cielo se rectifica y por eso todos los maestros traen el Dharma, la Ley"*. La ley Mística que traen los maestros, es para que nos rectifiquemos. Entonces, *Tai Chi*, es una práctica de la Ley Mística del Universo. No olviden eso: "Es *una práctica de la Ley Mística del Universo"*. hay una energía misteriosa ahí, en todas las cosas; como dice el *Tao Te King*: *"Está en todo, mueve, crea, decrea, es el espíritu del valle, es una energía misteriosa, ¿no lo perciben?, ahí está en todo. Miren el cielo, vean ha caído de agua, vean el pájaro volando, hay algo ahí, eso es la vida, ¿no lo ven?, ¿no lo sienten?, ¿no lo perciben?"*. Ahora, *¿no se pueden mover en armonía con eso? Eso es Tai Chi.*

El *Yin,* el *Yang,* el mundo horizontal, la luz, el hombre, el cielo, la dualidad, la tierra, el *Yoan* Chi, la energía original que siempre fluye y la energía del origen: El *Tao.* Y el *Tao* es camino, verdad *y* vida. Los japoneses le dicen *Do. Tao* y Do, es lo mismo. Se puede decir: *Karate* Do, "El camino de la mano vacía"; *Ti Kuan Do,* "El camino de la patada"; *Ju Do,* "El camino de la flexibilidad". Cuando decimos camino, camino es sinónimo de disciplina, el camino es sinónimo de rectificación, es el camino de rectificación que uno adopta para poder lograr su evolución.

Terminé cada una de las rutas del 108, pero entender lo que es cada ruta y cada energía es empezar a estudiar un buen rato. Pero que les quede allí las ganas de seguir estudiando, seguir adelante. Esto es muy bonito, entender lo que uno está haciendo, el entendimiento es muy importante.

El 108 representa al Tao; 108 representa lo completo (completo quiere decir al *Todo y* lo perfecto); 108 conciencias, 108 maneras de ver la vida; y 108 deseos a trascender. Esto es un trabajo. Por eso les digo cada ejercicio está destinado a contactar con una energía celeste y una terrestre y una humana, cada figura:

la fusta, la grulla blanca refresca sus alas, tocar el laúd, cada una. Por eso les digo, es importante que ustedes tengan como meta rectificar cada una, mejorarlas, no sólo hacer principio y fin, siempre van a tener así:

amiba centro abajo

Lo que está arriba, lo que está en el centro, lo que está abajo. Entonces cada movimiento tiene arriba...

Cada postura es un Tai *Chi Chuan,* así ustedes se van a acostumbrar a perfeccionarla, a rectificarla y a mejorarla. Cada postura es Tai *Chi Chuan* y tienen que acostumbrarse a rectificarla, a mejorarla, hacerla lo mejor posible "en entrada, centro y salida, completa". S se acostumbran a eso. De vez en cuando, en las clases daban dos posturas, después dos posturas más, porque luego se repiten ellas muchas veces. Ustedes hacen bien las nubes, tendrán bien más nubes muchísimas veces; hacen bien el cepillado, es el cepillado. Al insistir así al principio, después empieza a aparecer, llega un día. Pero no con cabeza occidental, la cabeza occidental quiere más y más, sin digerir. ¿Qué piensa?, ¿qué siento?, ¿qué practico?, haga, hasta que de ahí sale algo.

Esta tarde vemos si agarran la coreografía de esta última ruta y yo aspiro irme y verlos que me hagan el 108 completo.

"Taller de Meditación"

Cuanto nos gustaría que se pueda ir propagando cada vez más estas enseñanzas. Un cuestionamiento podría ser: ¿Por qué La Tradición China?, ¿por qué no la Hebrea, por qué no la Rusa, por qué no la Maya. Porque es una tradición que ha dado una conformación, un cuerpo a toda su estructura de enseñanza y de tradición, durante milenios y sin cambios. Ustedes, buscan hoy en día la Tradición Egipcia, va a conseguir sólo pirámides, ruinas, momias. Estando los Mayas, apenas resurgiendo, toda deformada, las informaciones que han empezado se van abriendo más manipuladas que las que tiene lo verdaderamente humano. Y así que, casi todas las tradiciones han ido perdiendo su estructura tradicional, en lo que corresponde al hombre universal. ¿Qué es universal en el ser humano? Y encontramos que, *en* lo universal, encontramos que tiene una propuesta que se puede llevar a cabo en China, en Francia, en Inglaterra, en Argentina, en Laponia, en Tanzania, donde quiera que esté el ser humano se puede desarrollar con los mismos conceptos, con las mismas disposiciones y con las mismas disciplinas. Eso, es porque hemos adoptado La Tradición China.

Porque La Tradición China tiene un cuerpo de conformación y estructura que se pueden establecer *en* cualquier nación, en cualquier lugar; y pues tomamos de allí, lo que sea característico universal con respecto a la humanidad, con respecto al *Ren.* Lo que corresponda al Cielo *(Tien),* lo que corresponda al Hombre *(Ren) y* lo que corresponda a la Naturaleza (Ti), al planeta. Se puede adaptar a cualquier cultura.

En este sentido tenemos una afinidad con las diferentes disciplinas. Y esa afinidad viene dada por las disciplinas de orden psico-físico-espiritual; o sea, que desarrollen al cuerpo, desarrollen la mente y desarrollen al espíritu. Que no sea solamente una disciplina corporal; tampoco, plenamente una disciplina netamente mental; mucho menos, una disciplina solamente de orden intelectual. Queremos una disciplina, más bien, de orden práctico que abarque los diferentes aspectos de la interioridad del ser; pero que también sea factible en esta manifestación humana. Porque la mayoría de las disciplinas intelectuales, hoy en día son muy elitescas, hay un solo grupo que las penetra. O las disciplinas físicas, por ejemplo, si buscamos la parte deportiva, en alto rendimiento nosotros escogemos para atletas, por lo menos 3001, porque no todo el mundo tiene las capacidades para entrar en ese nivel, llamado de alto rendimiento.

En la misma China cuando hablaba con una maestra que instruía, le pregunté si ella en algún momento abordó la disciplina deportiva y me dijo que si. Y le dije:

"Bueno alguna vez obtuvo posturas en las jerarquías disciplinarias.

Me dijo:

"Si, alguna vez gané un campeonato regional, quedé de primer lugar. Bueno eso fue en ese tiempo, cuando estaba muchacha, ya eso no es mi vida".

Entonces, le digo:

"¿Y cuántas personas participaron?".

— "Diez mil".

(Claro, es que en la China son un poquito más que nosotros, ¿verdad?). Eso fue en un campeonato regional, imagínense eso. Nosotros cuando estamos en un campeonato nacional, vemos 300 personas. Por eso cuando ustedes ven las olimpiadas, dicen: "Oh, qué maravilla", pero esas maravillas son de mil uno.

Porque la disciplina física también requiere un trabajo intenso; y las programaciones que ellos trabajan tienen un promedio de 320 días al año, más o menos, sin fallar; y los otros días se llaman tránsito en espera. Y todo esto es doble entrenamiento, mañana y tarde, todos los días, son unas disciplinas muy estrictas. Pues, pero se ha hecho didáctico nuestra disciplina para el entrenamiento espiritual, casi que no hay gladiadores para el entrenamiento espiritual.

Diógenes El Sínico, un filósofo griego, una vez se sentó en la silla del Emperador, mientras el Emperador no estaba allí y se puso la corona de laureles que es el máximo galardón. Y cuando llegó el Emperador, dijo: "Diógenes está loco, está mal de la cabeza" (él era muy conocido, lo llamaban tal Sínico).

Y el Emperador, le dice:

"Diógenes, tú has luchado en las justas, tú has estado en la arena, tú has peleado con los gladiadores.

Y Diógenes, le dijo:

"No, pero ninguno de tus gladiadores es más rápido...ninguno de los gladiadores, es más feroz que un tigre; ninguno de tus gladiadores tiene más fuerza que un toro; ninguno de tus gladiadores ha vencido al miedo, la ira, la ignorancia, el odio, el rencor (todos esos sentimientos negativos se los nombró). Le dijo, Diógenes si, por eso soy mejor que tus gladiadores".

Porque ha vencido el ser interior.

Y dicen que el Emperador se dignó visitarlo una vez. Y Diógenes vivía como El Chavo, en un barril, en un bidón grande.

El Emperador fue un día con sus militares a preguntarle algunas cosas sobre las profundidades de la vida, y cuando el Emperador lo vio, le dijo:

Diógenes, Diógenes, ¿qué quieres?.

Y Diógenes, como estaba saliendo el sol, le dijo:

"Que te apartes de mi sol".

Diógenes vivía su vida según su propia transformación. Entonces, así necesitamos gladiadores del espíritu, gladiadores que quieran trabajar su propia interioridad. Y no tener la confusión de espíritu y espiritualismo, es un error también.

El espiritualismo ha abarcado todas las culturas. Los mismos chinos, aunque tienen una propuesta muy hermosa que es la transformación de los entornos, que se llama *Fon Sui o Feng Shui,* como le dicen aquí.

El *Fon Sui,* es una propuesta de como armonizar lo externo con lo interno y lo interno con lo externo. Pero resulta que también ha entrado él, el espiritualismo; entonces ya la gente cree más en poner perolitos, en hacer cosas; pero no entran en la profundidad de cómo se manejan este tipo de propuestas, porque hasta es un objetivo muy científico. Pero se ha ido llenando igual que en todas las culturas. Aquí la religión se mezcla con superstición, con todo. Entonces, el espiritualismo *y* la espiritualidad es diferente, hay que diferenciar. Porque la espiritualidad, se basa en el espíritu, tenemos una constelación de que tenemos espíritu; así como tenemos cuerpo, tenemos mente, pero tenemos espíritu. Y *el espíritu, es el mundo y la energía de donde emanan las virtudes del ser.* La compasión, no sale de la mente intelectual. Si fuese así, yo les pediría por un segundo: "Emanen compasión, a ver si pueden". Ni en un día lo pueden hacer, disculpen que lo diga en este sentido sínico como Diógenes; pero hace falta que nos demos cuenta de que hay cosas que no las podemos emanar. Si les pedimos ahorita, piensen en algo, piensen en un cojín rojo, bien, pueden emanar sobre la mente y pueden hacer cosas limitadas con su cuerpo. Pero cuando decimos el espíritu, no tenemos entrada todavía a lo que viene de nuestra esencia. Entonces, esa condición interior, los chinos y los hindúes, los japoneses, casi todo oriente, tienen prácticas específicas para trabajar el espíritu. Este lugar, pero me emanan las virtudes del ser.

Entonces aquí también confundimos, a veces, espíritu o espiritual con divino, es otra cosa. Lo divino es otra jerarquía de la presencia humana y de la pi esencia celeste. Nosotros tenemos que entender estas decisiones porque si no, no las entendemos.

Por lo tanto, el estudio de hoy para aprender Meditación, o para aprender Meditación no, porque la Meditación es un proceso, para aprender algunas técnicas para empezar una disciplina meditativa, tenemos que entender las diferentes manifestaciones. Sobre todo hoy tenemos el estudio sobre la mente y específicamente, vamos a estudiar sobre la mente, como la visión planteada a través del Budismo. El Budismo, tiene una visión muy interesante. Es más, les puedo decir que Jung, Freud, todos los grandes maestros de la Psicología de Europa y de occidente, empezaron estudiando el Budismo. Hace más de 3.000 años ya se hablaba de conciencia, subconsciencia, inconsciencia, y eso tal vez lo veamos novedoso cuando entramos en una universidad. Mas, sin embargo, ellos lo que hicieron fue quitar toda la parte espiritual y dejaron solamente lo que podía ser manifiesto mentalmente como objetivo o tal, hasta donde podían penetrar el intelecto. El intelecto o la inteligencia penetra hasta un punto, pero el espíritu penetra hasta otro. Ahora, este fue el gran aporte de los maestros orientales que podían vivenciarlo, demostrarlo.

Así como en la ciencia se han demostrado algunas cosas y en las teorías se pueden demostrar muchas cosas. Un ejemplo, antes se mostró la Teoría de la Relatividad; pero en el siglo XII, un maestro japonés, llamado Dogen, escribió todo un tratado relacionando la distancia y el tiempo. Y dice: *"Ser tiempo, yo soy el puente, soy el río, soy Yiro, soy Cano, yo soy perro, soy Pepe, soy Juan, soy tú, yo soy todas las cosas",* con un sentido de unicidad y un estiramiento del tiempo que si uno lo lee uno dice: *"la Teoría de la Relatividad de Einstein".* Pero resulta que no está dando ninguna fórmula matemática, está diciendo: "esto es lo que estoy viviendo". Es una explicación diferente, es una vivencia. Entonces, hay formas donde se puede explicar algo y hay formas donde se puede vivenciar algo. Entonces, necesitamos una explicación para lo que nos vamos a plantear, pero luego necesitamos una *"práctica"*. Sin experiencia, podemos pasar aquí toda la mañana hablando de la manzana. Pero el budismo sería más sencillo, le diría: "¡Cómete la manzana!". Entonces, su experiencia es lo que usted ve.

Ahora, cada uno tendría una experiencia diferente, una vivencia diferente, una sensación de sabores diferentes, tendrán toda una expresión diferente; entonces, cada uno tendrá una noción de su verdad. Se llama en Budismo, *Dharma*, fenómeno: son diferentes manifestaciones fenoménicas de la mente y de la percepción, cada quien tiene una percepción. Es como mirar a la expresión de Kuan Yin, *bueno cada quien verá algo*. Pero cada quien tendrá su propia verdad, pero la absoluta es una sumatoria. Poder discriminar es muy difícil cuando no se tiene una mente absoluta. Entonces, se habla en La Tradición de la mente universal. Una mente que pueda abarcar los diferentes niveles de conciencia. Parte del trabajo que vamos a hacer en la mañana es descifrar bien para qué es la Meditación, de la cual estamos haciendo una propuesta. La Meditación tiene un nombre, Zuo *Chan*. En la tradición más propagada que se hace a nosotros es la japonesa, en lo que respecta a los nombres o sucesos, le llaman *Zen*. *Zen* es lo mismo que *Chan*, casi la misma pronunciación, pero en chino se dice *Chan* y en japonés se dice *Zen*. Esto es lo más fácil de descifrar, *Zuo*. Toda la mañana trataremos de entender esta palabra *Chan* y probablemente a uno le corresponda casi toda la vida entender lo que es *Chan*, lo que es Meditación profunda. En realidad, en occidente no tenemos un término similar. Si buscamos Meditación en un diccionario, nos dice: reflexionar; pensar... otros ponen: no reflexionar, no pensar, no idear, no tener nada. Por eso es una propuesta muy diferente, a la cual casi no accedemos. La palabra *Zuo* es muy sencilla, *Zuo* significa: sentarse, sentado. Entonces, sentado, acceder al *Chan*, al ser.

Primero decimos porque es sentado. La Tradición China, se basa toda en una explicación del Yin y del Yang, lo cual está implícito en un emblema:

Esto lo ven en franelas, tablas de surfing, en cualquier lugar lo ven, pero La Tradición China es un emblema sagrado. Representa la totalidad, el universo, la creación, representa la energía del infinito en movimiento, representa al *Tao*, como dice La Tradición China. Representa a todo y a la nada, a la creación.

Nada más, ayer tratábamos de estudiarlo y hay que desplegar muchísimas cosas. Y hay hasta una propuesta con un grupo que pasemos una semana para estudiarlo, para estudiarlo y practicarlo bien profundo.

Pero, este Yin *y* este *Yang*, son los dos soplos de la naturaleza, manifiestos en lo opuesto, en integración, en alto o bajo, largo o corto. Todo en la naturaleza va a tener un principio de oposición, complementariedad y eso va a dar un movimiento a las cosas. Aun nosotros, como especie humana, somos: femenino y masculino, Yin y *Yang*; todo tiene su *hm* y todo tiene su *Yang*. Y toda la naturaleza tiene una manifestación etérea o concreta, en cualquier forma. Ese Yin y ese *Yang*, en lo que respecta a la corporalidad, estar parado es el máximo de *Yang*, el máximo de espíritu en acción, en movimiento. Por lo tanto, en el máximo de *Yang*, ¿usted ha visto alguien que duerma parado?, en los humanos no, en los animales tal vez. El máximo de *Yang* nuestro, es parado. Y el máximo *de Yin* nuestro, la lentitud de inserción, de interiorización, es estar acostado. Entonces, al acostarme, entro en un estado de reflexión; y al levantarme, entro en un estado de expansión y de movimiento. Pero si busco la postura intermediaria entre las dos, la que equilibra estas dos energías, es. sentado. Sentado no estoy ni en plenitud de *Yang,* ni en plenitud de Yin. Entonces *Zuo,* sentado, es la postura intermediaria; o sea, la postura que está en el medio. Así se escribe en Chino:

Postura intermediaria, chong =
En medio quiere decir: *El hombre, el cielo, la unicidad, la tierra.* Una postura que permite integrarnos con la totalidad. A partir de allí es más fácil, la postura que hacemos parado son muy complejas; acostados, se queda dormido; acostado se vuelve relajación. La Postura, eso lo han encontrado casi todos los maestros practicantes y se han dado cuenta que, a través de esta postura, mejoran la condición mental, la condición respiratoria y la condición corporal.
Tal vez ustedes me van a objetar cuando empiecen a sentarse, me van a decir: "Si esta es la mejor postura, pero me duele la espalda, me duele el cuello, no hallo que hacer, me cansé". Y si hacemos prácticas, como las prácticas que se hacían en la Tradición. Bueno. va a pasar como el pasó a Bodhidharma...el gran maestro que trajo las enseñanzas de India a China y se tuvo que sentar por mucho tiempo, nueve años, para poder alcanzar un estado de conciencia plena; porque se presuponía que ya lo tenía, pero cuando se encontró con discípulos que tenían capacidades, tuvo que volver a practicar. O sea, es un tenista la realización del ser humano.
Entonces, a través de conseguir una buena postura física, nosotros vamos elevando las condiciones mentales. Pero eso nos va a pasar similar al entrenamiento físico. A usted le dicen el aerobic es bueno y usted va a la primera clase y llega todo adolorido. Tiene que haber un entrenamiento, todos tenemos que tener una disposición de que sabemos que vamos a pasar por un entrenamiento, sin entrenamiento no hay una educación. Esto por la educación, una educación sin conquista. Entonces, la primera postura al inicio nos va a costar. Entonces, lo primero que empezamos a trabajar para mejorar una condición mental exterior, es lo que tengamos más cercano. Y lo que tenemos más cercano es el cuerpo. Porque si les digo:
"Muéstreme la mente ¿quién la trajo?'". Todos la trajeron, pero no sabemos muy bien, sólo le depositamos pensamientos, ideas y la mezclamos con las emociones y los sentimientos, pero no podemos acceder a ella. Cuando decía aquí la hermana que practicó el "Método Mental Silva", es una técnica para tener un control, para controlar los pensamientos, las ideas y todo; pero para practicar un control.
Ustedes me dijeron varios métodos: uno para control, otro para centrar mente y cuerpo, para conectarse con lo espiritual, para darle forma a lo que piensa. Y así, cada persona tendrá una variedad, comúnmente en todas se usan posturas sentadas. Entonces, estoy sentado es *Zuo,* asiento.
Si ustedes se dan cuenta esta es una cultura del asiento, no la cultura del sentarse. Tengo una expresión allí, medio sarcástica, sínica como Diógenes, es la cultura de la nalga: pocetas a la altura de la nalga, sillas a la altura de la nalga, carros a la altura de la nalga, todo. Pero un asiento elevado, no es un asiento allí, abajo. Es un asiento, más bien, que corrompe la estructura física y que no nos permite desarrollar las capacidades que tenemos para relacionarnos con el camino, con el sujeto, con la cosa esa, rapidito...todo lo hacen a esa altura, nosotros. Entonces también perdemos condición física, vamos perdiendo la condición física. Ya en ciertos momentos de la vida uno para poder estar a nivel del suelo se resbala, se sostiene, el uno pararse. Y eso debería ser natural, ¿no es la posición natural del ser: ¿sentarse, pararse y acostarse? Es la condición natural.

Parte del trabajo psicofísico comienza porque adoptemos una postura sedente adecuada, postura sedente adecuada. Esta postura, nos tiene que dar algunas condiciones: primero: mejor estabilidad en la columna.

La columna tiene una curvatura natural, que la estoy exagerando aquí (en *el* dibujo), esta sinuosidad, como una serpiente, y esta estructura se llama estructura erguida.

Escuchen esta palabra, rectificación. La vivencia del ser humano a través de la práctica tiene que llevar una rectificación: *Rectificar el pensamiento, rectificar la conciencia, rectificar sus actos, rectificar su palabra.* Es una rectificación, es una corrección de lo que no estamos usando bien, ni a plenitud. Pero en medicina, a la columna, hay una lesión, se llama rectificación, la columna se pone recta, pierde la curvatura. Entonces no podemos decir, tener la columna recta, si tiene la columna recta está enfermo. Lo que tiene que rectificar es el pensamiento, la palabra y la acción. Pero no la columna, la columna debe tenerla erguida. Y esa parte erguida quiere decir que la cabeza se va a centrar con el cielo y la base con la tierra. La base es donde se aposenta el coxis. Entonces, cabeza y coxis deben estar bien establecidos para que la postura esté erguida. Si logramos una postura erguida, tendremos una gran ventaja sobre la respiración, respiramos mejor; la columna se establece mejor; los órganos digestivos se establecen mejor ubicados; y las articulaciones logran un estado de relajación. Vuelvo y repito esto parece una teoría porque hemos perdido la condición natural del cuerpo, parece una teoría; porque después que nos sentamos a meditar, lo menos que hacemos es meditar. Al principio empezamos es a auditarnos: "si estamos allí, si no sabemos que hacer". Entonces uno dice: "Vacíese". Entonces se dice: "¿Y cuándo irá a terminar esto?, ¿cuándo será?". Mente vacía. Porque su misma condición su cuerpo todavía no está bien estructurado.

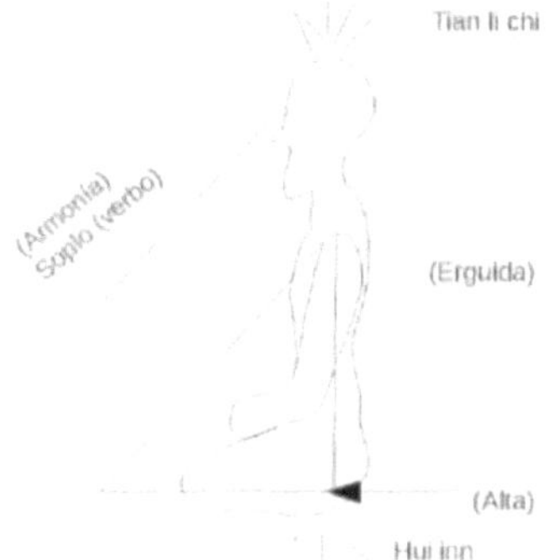

La parte superior de la cabeza, en la Tradición Taoísta, se llama Tian *li* chi: *li*, es luz; Ti*an* (se pronuncia tien), cielo; y *chi*, energía, donde se recibe la energía luminosa del cielo, T*ian li chi.* Donde se recibe la energía de la tierra, *Hui inn* (su pronuncia ui chi). Entonces es una conexión entre el cielo y la tierra. Y nosotros si buscarnos el centro del cuerpo, ¿cuál será el centro del cuerpo? El *Tan Tien, "Campo del elixir",* está más bien por debajo del ombligo. Pero sin embargo...centro, pero no tomaron desde el suelo a la cabeza, es esta forma. Los lugares donde se establece la energía del ser es los hombros, la pelvis, pero tenemos dos balanzas, esta balanza y esta balanza; y estos amortiguadores. Si yo tomo los hombros y las rodillas el ombligo es el centro, para toda persona, ahí si encuentro el centro. Yo puedo hacer un círculo cuyo centro es el ombligo. Por eso para la Meditación las rodillas y los hombros son especiales, bien ubicadas las rodillas. Por eso las posturas que adoptaron en la Tradición, esta postura es de asiento triangular, es excelente. Una de las posturas más excelentes que hay.

De todas maneras, vamos a ver la variedad porque no todos podemos con esas posturas, sobre todo los que ya nos hemos lesionado las rodillas, los que le dimos muy duro a las rodillas durante la vida y no las podernos flexionar de esta forma; también la estructura corporal. Recuerden su balanza, sus disposiciones articulares entre rodillas y hombros son esenciales para poder tener una buena postura. Sin embargo, las rodillas se van a venir hacia adelante para hacer un balance con los hombros que están en este lugar. Y las manos se van a aposentar en este lugar. Y las rodillas van a hacer una triangulación en esta forma, hacemos esta triangulación. Esto quiere decir que hacemos un triángulo con una base estable. Y esto es un triángulo que se llama equilátero, tiene tres lados iguales. Esta estructura corporal la tenernos todos y nos va a permitir tener una estructura bien establecida, cuya energía en el vértice va a ser muy alta, esa energía es la que nos va a ayudar a que se establezca el movimiento de todo el *chi, chi,* la energía, el vínculo de esa energía nuestra con el vínculo de la naturaleza.

Luego, otro aspecto importante. Dogen un gran maestro que llevó las enseñanzas al Japón, él fue a China a estudiar y las llevó a Japón, cuando el Budismo había entrado en una etapa supersticiosa o en un control político. La religión siempre ha adoptado, tanto en la cultura occidental como en la china y en otras, asumir los poderes para tener control de fe. Y adoptan un poco la parte supersticiosa porque eso no permite a las personas despertar y fuertes y los mantienen atados con más facilidad. Entonces se creó un Budismo que creían en estatuillas y todo eso, y en venerar y en adorar y no en una práctica de despertar de la verdadera conciencia como era la propuesta original. En China él se consigue un maestro, y el maestro era una persona simple porque es un cocinero, en un centro, pero ya está realizado y está haciendo su servicio en la cocina.

Y él le dice que:

"Cómo puede alcanzar un estado de conciencia más elevado".

— Y él le dice:

"Es muy sencillo, son sólo 5 pasos".

Y él le dice:

— "¿Cuáles son esos 5 pasos?".

"El primero, el segundo, el tercero, el cuarto y el quinto". Le está diciendo practica la primera etapa, la segunda, la tercera, la cuarta y la quinta.

Cuando uno tiene dudas a veces fruñe el entrecejo, entonces él hizo eso. Y el maestro se acercó y le abrió el entrecejo con los dedos, y le dijo:

"Cejas horizontales, nariz vertical".

Le estaba diciendo medita. Cuando nos sentamos, las cejas horizontales, nariz vertical.

Pero también eso habla de dos sabidurías: sabiduría vertical y sabiduría horizontal. Horizontal es la sabiduría de este plano, si conocernos todo ahí...esta sabiduría, hasta tenemos programas de televisión, "¿Quién quiere ser millonario?": ¿quién se comió un plato de comida el 17 de septiembre de 1812 y había pan, arepa y algunas cosas mas?. Y la persona lo dice. "¡Oh! un sabio". No es un sabio, es una sabiduría horizontal, mejor dicho, es una inteligencia horizontal, sólo información, un cúmulo de conceptos. Y quien esté especializado en una rama lo consideran un sabio. Allí conocer los artistas se considera un sabio, quien sepa: quien estaba en tal novela, en tal programa, en tal cosa; y a eso lo llaman inteligentes. Mueven esos programas corno que eso, son personas que tienen una clara sabiduría. Esa sabiduría la promueve esta sociedad, sabiduría horizonta . En este plano, conocer de carros, conocer de aparatos, conocer de casas o conocer de algo, eso lo hace una persona en esta sociedad que puede asumir una posición y lo elevan y lo muestran. Porque necesitan esos modelos para que nosotros no crezcamos en sabiduría vertical. No quieren la sabiduría vertical. Y la sabiduría vertical, es la que nos conecta con los diferentes estadios de conciencia que nosotros tenernos.

Tenemos varios estadios de conciencia y habrá desde los más bajos como una conciencia animal, instintiva, hasta algunos de conciencia de sabiduría y aprendizaje como conciencias de compasión. ¿Uno quiere hacerse un examen de conciencia? La

Meditación tiene proposiciones para eso. Por eso estamos hablando de una Meditación, que no es específica si no que va cambiando de acuerdo a su propio nivel de realización y de conciencia y tiene que ir cambiando. La postura solamente nos está ayudando a que encontremos un espacio y un tiempo para poder acceder a esos niveles que nosotros tenemos en nuestro interior.

Entonces, cejas horizontales, también indica la postura física. La mirada es hacia abajo, en un ángulo, más o menos similar al que lleva esta disposición (la línea, ver dibujo), este es un ángulo, más o menos, de 45", una mirada en ángulo de 45", para que no se disperse la energía Eso nos permite, tener una posición entorchada. Los hindúes y los chinos dibujan los ojos como una S arriba, no sé si lo ven aquí, pero hacen esto:

Eso hace que le dé una sensación de que está mirando hacia abajo. Quiere decir, párpados relajados, una mirada relajada, tranquila, serena; y con una visión de regular la conciencia horizontal. Esa conciencia horizontal se tiene que regular, no debe seguir agitando ni medio, no debo seguir pensando en los rollos, en los problemas, en la importancia, en la fama, en todo eso. Debo tener una mente que se abstiene de ese tipo de circunstancias, esto es, cejas horizontales. Nariz vertical incluye a una postura adecuada, donde la nariz se centra con el *Tan Tien*, con el ombligo. Yo puedo agregarle otra fiase que utilizaban nuestros maestros: *"Las orejas miran la espalda, cejas horizontales, nariz vertical. La nariz se respira al ombligo, las orejas miran la espalda".* No la barbilla fuera, debo tener alineado y las orejas van hacia atrás, no adelante, no caídas. Todo eso tiene símbolo. Vuelvo a repetir, la nariz, alineada con el ombligo, pero también significa que tengo una actitud tan elevada como la posición...

y a los maestros japoneses. O sea, que le dé mi dignidad, debo tener una postura digna, elevar la dignidad. Una posición para sentarse, es asumir la dignidad de su ser. *¿Qué es la dignidad? El valor que tiene de sí mismo, hasta donde usted se valore, ahí está su dignidad; no se valora, no tiene dignidad.* Este es un encuentro digno porque cada uno de ustedes es tan valioso y es tan esencial y tan importante, no solamente para este encuentro, para la naturaleza, para la divinidad, para la creación. Ustedes también son parte de la divinidad y yo soy también parte de la divinidad del ser, al valor que tenemos. Somos sumamente valiosos, pero no lo notamos, sumamente valiosos. No lo notamos porque eso no se nota con esto (esta suciedad). Con esto, notamos es si usted tiene un caigo, si usted tiene un puesto, si usted usa marca, con esto no notamos al ser, notamos solamente al tener. Qué tiene usted y le digo cuánto vale, esa es la conciencia horizontal. Conciencia vertical, ¿qué es usted?, y eso es diferente, basada en el ser. La conciencia vertical está basada en el ser, no está basada en el tener, no está basada en las condiciones que le impone el entorno y si usted no cumple con esas condiciones la sociedad lo excreta.

Valoramos tanto así que tenemos los llamados ídolos de la sociedad. Estos son los masculinos, ahí tenemos todos los artistas, etc; y las divas. Diva, significa diosa; ídolo, también significa dioses. Nos dejamos engañar, nos dejamos. Entonces tenemos dioses falsos. Por eso es interesante las prácticas budistas, porque es un despertar de la conciencia: "Despierte su conciencia", si no despierta su conciencia, todo lo demás no le va a servir. Seguirá atrapado en su jaula de oro, y como es una jaula de oro usted está feliz. Estas son jaulas de oro.

Entonces la nariz se respira el ombligo, indica esa conexión con la respiración y con el soplo sagrado, porque a través de la respiración entra el soplo. Y el soplo es el verbo y el verbo es la vida, el soplo original. Todos tenemos ese soplo y si no deje de respirar el día de hoy, a ver si. Es más no podrá hacerlo por el día de hoy, no podrá hacerlo ni siquiera por 10 minutos. Algunos pueden por 15. Pero dejar de respirar, perdemos la condición sagrada de vivir. Entonces el soplo es esencial. Para poder despertar ese soplo tiene que refinarse; para poder tener una conciencia más clara, ese soplo tiene que estar armónico.

El soplo tiene que tener armonía. Si usted se dobla y está incómodo, ¿usted está ahí natural?, ¿si usted está enojado?, ¿si está depresivo?. Entonces, quiere decir que las emociones varían el soplo, las posiciones corporales varían el soplo. Parado no se respira igual que acostado, si quiere acostado se oblicua más el abdomen, o si se acuesta y entra en tina respiración de esto (resollando) cada vez más larga se queda dormido. Acostado puede acelerar su respiración. Parado, tendrá que pasar horas para poder quedarse dormido parado, le va a costar mucho. Sentado no adopta la misma respiración, pero sin embargo, uno ve personas que cuando están cansadas se quedan dormidas sentadas. Quiere decir que su postura no es adecuada todavía. Una postura adecuada, tiene que mantenerlo despierto. Por eso hablemos del despertar, dentro de un rato hablaremos del despertar.

La nariz...las orejas miran la espalda, quiere decir, deben estar alineadas con los hombros. Pero ¿cómo viene hecho el cuerpo humano?, mire ¿y esto (la cara con los ojos) está hecho para ir para dónde? Para ir hacia adelante. ¿Y esto (la espalda) está hecho para? Dejar atrás y para crear confianza y seguridad. Si usted anda asustado y está preocupado por el de adelante. Es en la espalda donde aparece la energía de la seguridad y no en el frente. Allí tenemos confianza de que lo que está detrás está; y tenemos la práctica del olvido para soltar, es la mejor medicina. A veces nos mandan por ahí a cursos de auto-estima y otras cosas a escribir quinientas mil veces, "perdón de no sé qué cosa". Pero bueno, olvide y ya está, más sencillo, mientras más recuerde. Planteamos el método ese psicológico que dice: "No piensen en un elefante rosado", ¿en qué pensaste? En un elefante rosado. Entonces me ponen: "Y no voy a tener, no te voy a tornar en cuenta, te perdono, te perdono quinientas mil veces, *etc*". Mientras más meta eso en la cabeza no lo va a sacar. Entonces tenemos el olvido y tenemos las memorias del pasado. Y tenemos en la espalda, en la misma columna, las memorias sufrientes, ahí almacenadas o guardadas para ver algún día. En Budismo se le llaman, las memorias Mayas, quieren decir: depósitos de conciencia. Entonces, tenemos una cantidad de depósitos ahí. Pero también, tenemos memorias trascendentes para trascender las cosas, no solamente tenemos memorias para sufrir, tenemos memorias para trascender. Ahora, esto es corno tener dos sacos ahí: unos llenos de espinas, hojillas cortantes y todo eso; y uno lleno de flores y cosas gustosas; pero nos

encanta meter la mano donde duele. Entonces, eso depende de nosotros. ¿Cuáles son los Alayas que debemos despertar, los trascendentes? Los trascendentes nos mueven hacia el futuro, los sufrientes nos dejan atados. Y cuanto encanta a la gente estar atado a lo que fuere y a lo que sufre. "Esto me causa dolor, esta relación" (por ejemplo, es una relación). "Un día de estos tomo una decisión", sí que bueno que un día de estos va a tomar una decisión, ¿cuándo es un día de estos? "no sé, yo voy a hacer un intento en eso".

Entonces, ¿cuándo va a tomar sus decisiones trascendentes?, van a depender de la dignidad de su ser.

Entonces cuando dice: "Las orejas miran la espalda", todo es una simbología, no es solamente las orejas ubicadas sobre los hombros, sino el oído que es el que puede captar el verbo, el oído puede captar el verbo, el sonido y puede captar la vibración. Entonces, por aquí vamos a tener que aprender a oír. Pero ahora el oído está internalizado, ahora vamos a tener que aprender a oírnos a nosotros mismos. ¿Qué será lo que nosotros emanamos?, ¿qué será lo que dice nuestro ser, nuestra mente, nuestra conciencia? Pero no sólo nuestra mente y nuestra conciencia; sino, yo, uno toca, una de la Limpia y una de la China, y le pongo un poquito de mi propia investigación y digo que la mente es como: *"Un mono loco, borracho, picado por un alacrán, montado sobre un caballo ciego"*. Ese mono loco es la mente, no tenernos un dominio pleno y siempre hago esta analogía: ¿Cuántos pensamientos han tenido ustedes en el día de hoy, apenas se levantaron?, porque si contamos los de la noche, ustedes casi que le meten candela a la almohada con la cabeza (estaban durmiendo); ahora, ¿cuántos de esos pensamientos estaban ordenados, uno tenía relación con el siguiente ¿o se saltaban de una cosa para otra?; ¿cuántos de esos - terminaron, los completaron?, ¡Ya!, no tengo porque pensarlos más; ¿cuántos? a lo mejor...despiertos, ¿cuántos se quedaron abiertos?. ¡Ah! si, pero vamos a hacer cursos para cerrar ciclos.

¿Qué va a estar cerrando ciclos si no sé nada de la mente? Hay un dato abierto en cada instante, en cada segundo. Entonces, hay que presumir que nuestra mente está como un mono, el mono saltarín, pero está loca, borracha se va para todos lados, picada por un alacrán, montada sobre un caballo ciego; no sabe para dónde va, son los 5 sentidos. Por lo tanto, citando centramos el oído y afianzamos la mirada, empezamos a vernos interiormente, a escucharnos interiormente. Y la respiración nos produce una armonía entre cuerpo y mente.

Vuelvo a repetir, no se vayan a mentir, eso no va a pasar el primer día, ni en la primera sentada. En la primera sentada le va a doler es las nalgas, la espalda, el cuello. Eso no es así, es una educación, es un proceso. Usted no entró en la primaria y le dieron el certificado de bachillerato, si no sabía ni leer ni escribir. Hay que pasar por un proceso, la Meditación es una disciplina. Y la disciplina incluye, honestidad y dedicación, sinceridad. Usted tiene que ser honesto consigo mismo; tiene que ser disciplinado, tiene que tener dedicación. Sin esa propuesta de dedicación, usted no va a crecer casi nada, casi nada. Porque se sentó emocionado porque vino al curso, se sentó tres días, al cuarto dice: "No, después"; al quinto, para allá; de vez en cuando dice: "eso era bueno, me voy a sentar un ratico". Eso no es disciplina, disciplina es constancia, *"La Constancia nunca le falla a la victoria"*, en cualquiera de las formas que ustedes hagan en la vida. Si son constantes, van a salir victoriosos. Es como: "100 *flechas fueron lanzadas a un blanco, la número 100 dio en el centro, ¿acaso no tuvieron nada que ver las 99 anteriores?"*. Es irse centrando, irse centrando, irse centrando, hasta que "flor. Yo dije, bien. Por ahí hay gente que tira 200 flechas, otros que tiran tres, otras tiran 500, hay otro que se cansó de lanzarlas y se va. Quien siga y mantenga la constancia tiene que tener resultados.

Entonces, cejas horizontales, nariz vertical, las orejas miran la espalda y la nariz se respira el ombligo.

Nos está indicando la postura física y nos está indicando la actitud adecuada que hay que tener en nuestro interior. La postura sedente, comúnmente se hace de piernas cruzadas, esta postura de piernas cruzadas hace una triangulación también en esta paute baja:

y vuelve a hacer un triángulo, cuyo eje va a abordar el ombligo. Eso permite que se riegue mucha sangre y se eleve la energía. Por eso la postura sedente mejora la circulación, mejora las condiciones venosas en las piernas, al principio saca la sangre y la proyecta hacia la -zona urogenital *y* eleva mucho la energía en la zona de vejiga. Eso hace que la energía acumulada en la zona del ombligo y esta zona. Se llama *Tan Tien o Dantien, "Campo del Elixir"*. El elixir, es porque en la antigüedad los maestros buscaban la longevidad y la inmortalidad y el elixir lo buscaban en plantas y en minerales, en cualquier cosa la estaban buscando.

Pero después se dieron cuenta que estaba adentro; o sea uno mismo tiene el Elixir de la vida; no es que estaba fuera, como siempre se han buscado las cosas externamente y se había olvidado el eterno interior.

Hay varias posturas trianguladas y hay otra postura como la postura japonesa que se sientan así *en* esta forma, con las piernas torcidas así la adoptan los niños, hasta sacan los pies a los lados, ¿lo podemos hacer ahorita? Vamos perdiendo la flexibilidad, los niños la tienen por naturaleza. Algunas veces le decimos: "No te sientes así que te vas a echar a perder las rodillas". Y el más bien, si tuviese la suficiente conciencia de lo que le estamos diciendo, diría: "Y, ¿cómo te echaste a perder tú las tuyas?", por no hacer eso, por irla perdiendo. En oriente no se pierden porque las mesas son bajas y las posturas son en el suelo o banquitos muy pequeños.

Hay unos banquitos que usan hasta para sentarse. hay posturas para sentarse en banquitos que son posturas *out*. Pero ya la Meditación no depende el asiento físico. Pero sin embargo, en la Tradición China y Japonesa se han hecho unas concesiones compasivas de los maestros; porque antes no se enseñaba con tanta compasión. Se enseñaba con pasión, pero no con compasión.

Entonces a veces se usan dos cojines, uno grande se llama *zafutón;* y uno pequeño que se pone aquí (sobre el *zafutón)* y se aplasta que se llama *Zafú,* un cojín común y corriente. En China y Japón, es redondo y lo mejor es que nunca tengan tantos adornos, dibujos o figuras. Siempre en la práctica, lo menos que intervenga nuestro ser para que la Meditación no sea intervenida. Porque si usted ve aquí y se sienta y allí está una frase ya usted la va a interpretar. El *Zafú* se coloca aquí y uno se sienta y eso ayuda.

También otras escuelas sólo tienen una alfombrita, en las escuelas chinas tienen madera y debajo tiene gaveteros para guardar los zapatos y se sientan frente a una pared.

Este tipo de práctica la hacemos sentados frente a una pared. Esto es una tradición y es una tradición y es una ventaja. Si ustedes meditan en frente de otras personas, las tienen que mirar; si meditan a la espalda de alguien, también la tienen que mirar; esto crea una condición de agitación metal y queremos domar al mono loco y no ponerle más aditivos ahí que lo agite.

Hay un templo en China que se llama ni *Lun Chi,* es el templo Shaolín como le llaman aquí, yo he tenido la dicha de estar allí, ahí viven monjes que hacen *Wu Shu, artes* marciales y hacen Meditación, hacen las dos fases. En la parte alta hay una montaña, allí está una roca grande que está en una cueva. En esa cueva meditó 9 años Bodhidharma. Bodhi quiere decir iluminado, claro, está claro; y *Dharma,* la Ley Mística del Universo; o sea, ya estaba claro en entender la Ley Mística del Universo. Y Bodhidharma se sentó a meditar 9 años frente a esa roca y la imagen se volvió a estar plasmada ahí, la energía de su ser se plasmó.

Y se considera un lugar sagrado, es cuidado por los monjes y no permiten tomar fotos. Si toma foto enseguida tiene un monje encima con una actitud y se ponen frente a su rostro y se tiene que guardar la camarita. Ese lugar es sagrado, ahí está plasmada la energía que dejó Bodhidharma, se ven hasta los rasgos de su tela; así como el Sudario de Jesús, pero esto no es un sudario es una roca, una piedra. Entonces este muro, también es una práctica que se adoptó de meditar frente a un muro. Como no tenemos un muro, tenernos que colocarnos frente una pared. Y además de eso, el verdadero muro y la verdadera pared está en uno y es lo que hay que trascender. No se utiliza en la práctica música; o sea, usted puede interpretarla. ¿Va a meditar con un merengue, con una clásica? Con cualquiera que medite es lo mismo porque la mente no va a intervenir. Debe más bien, estar lo más natural posible. No se colocan olores, porque la mente se mete ahí. La Meditación Zen, es con usted, es usted con usted que se tiene que encontrar. No es ponerse aditivos, porque esos aditivos lo van a confundir y usted va a creer. Le pongo una música y dice: "Ay, esta música me eleva", vamos a ponerle un reguetón ¿a ver si lo eleva?. Entonces, usted tiene que estar aislado de cualquiera de las dos, porque tiene que encontrarse con usted mismo.

Los maestros en Japón llevan a los discípulos para el río "Buidok" que tiene un choque de piedras y los ponen ahí. En un estado mental sano y claro lo puede tener en cualquier lugar. Porque si no tendremos que hacer como los ermitaños aislarnos de la sociedad y de la vida, porque ahí no hay música clásica. Váyanse a las calles centrales de aquí, a los centros comerciales, ¿cómo va a hacer?, ahí no hay inciensos y si los hay será para tener en las tiendas para ver si venden más, en busca de prosperidad, pero no los ponen para las actividades de hogar. Allí no hay músicas para armonizar. Aquí está el ruido, es la vida donde está el ruido. Por eso la práctica siempre es en función de lo que uno alcance en ese estado de conciencia y es en todas partes porque usted lo lleva. No es el entrono el que se adecúa a mí, es el interno el que se adecúa al *entorno*.

Comúnmente, en las prácticas chinas, se medita en las mañanas y en el atardecer, más o menos 7 a.m. y 7 p.m.; pero no podemos adaptarnos a eso, ¿por qué? Yo no sé su horario, no sé el suyo, no sé el del otro. Lo importante es que usted, por lo menos, pueda hacer una sesión al día cuando está comenzando. No importa que hora sea, porque si no usted va a ayudar a su mente conceptual a no hacer las cosas; usted dice: "¡ay! se me pasaron las 7, no puedo". Es más bien, una vez al día, mínimo.

Vamos a hacer un pequeño ejercicio ahorita para ir a la práctica corporal, vamos a adoptar una postura por 5 minutos, a ver cómo se siente cada quien.

Otro aspecto es las manos. Las manos en la práctica que recomendamos, es la izquierda sobre la derecha, relajadas, y aquí hay el pliegue y en el regazo tienen que tener comodidad. Esto es la postura, es un mudra, mudra de la mano y se llama *"Postura del ciclo y la tierra"*, es como conectar con Dios en otro plano.

Pero ustedes si ven algunas estatuillas del Budha meditando le van a ver que tiene la derecha sobre la izquierda, y usted dirá: "¿Y por qué?" porque eso representa el estado de conciencia que él alcanzó, que ya está realizado; y que nosotros estamos tratando de apaciguar la naturaleza negativa de nuestro ser, estamos tratando de apaciguar. Logramos en una forma, más o menos un círculo, muy relajados en forma circular.

La espalda está erguida, ojos horizontales, nariz vertical, la nariz respira al ombligo y las orejas miran la espalda. En el *Millón,* no hay que sentarse completo sobre él.

Entonces, hay varias posturas, desde la "Postura del Sastre" o la postura de una silla, pueden sentarse en una silla si usted no tiene...tendrá que sentarse en una silla. Lo que si recomiendo que si se sienta en una silla, también ponga el *Zafutón* en la silla, porque la idea es que usted quede levantado de atrás para que la columna se eleve, ¿ven esa diferencia?. Y no hundido aplastando el coxis, como se sienta la mayoría, y que necesita un espaldar por eso. ¿Por qué no hacen la silla sin espaldar? Usted se cansa, porque se sientan con el coxis aplastado. En vez de sentarse con el cojín atrás, y el coxis atrás, me siento en la base, en el *Hui inn,* se llama (otros le dicen el nie: ni es lo de adelante y ni es lo de atrás. Claro no lo dicen así). Aquí todavía sentados en el *Hui ion,* todavía puedo percibir que puedo elevarme más. Entonces el *Zafutón,* es, no solamente una concesión compasiva del *Zafú,* de los maestros, sino que también es una concesión para que mejore la forma de erguir la columna. Mire como yo aquí, sentado en una silla, puedo tener la columna erguida. Ahora así podemos comenzar en la columna, se respira al ombligo, las orejas un poco hacia atrás y debo entorchar la vista con un ángulo de 45°.

Esta postura es muy sanadora, se tienen experiencias de personas que se han sanado de enfermedades, solamente meditando todos los días un ratico. Es una postura que va educando el cuerpo y la fuerza.

Es interesante, cuando usted ve allá a los maestros de 100 años de edad, y cuando usted hace prácticas largas, no 5 minutos, prácticas de 4 horas ó 5 horas. Y cuando uno se levanta, tullido, enderezándose, sobándose las rodillas; y los maestros, tranquilos y se van, las cualidades de sus cuerpos ya establecidas.

Entonces, hay prácticas largas, por ejemplo, lo días continuos, 11 días, 15 días, 20 días, practicando y cada 2 horas se levanta un ratico y se vuelve a sentar; se levanta a la hora del almuerzo, vuelven otra vez.

Es una práctica, la Meditación es una disciplina completa, no como lo vemos en occidente, como un método de relajación, un método de visualización, de auto-control. Es un método de realización humana, eso es, tiene que alcanzar su estado de conciencia más elevado, despertar su más alto potencial humano físico, mental y espiritual. Y cuando llego a ese estado, tengo unos niveles de conciencia de compasión, de sabiduría y de manifestación de vida muy amplio, al cual se llama Estado de Budha.

Entonces, Budha no quiere decir, un gordito sentado allí así, no eso no es, eso es una estatuita, Budha es estado de conciencia. Budha se llamaba Gautama Shiddarta y Shiddarta alcanzó al estado de Budha, o sea alcanzó el estado de máximo potencial humano. Y Shiddarta alcalizó su estado de conciencia y cuando lo alcanzó, le dijeron este es el Budha. En occidente, tenemos muy mala información del Budismo y tenemos un Budismo supersticioso de conseguir estatuillas para pegarlas en las esquinas para ver si nos traen suerte y sobarle la barriga. Además, les digo que ese al que le soban la barriga no es un Budha, es un dios oriental, es el Dios de la Prosperidad y lo pintan así con unos lingotes de oro.

Hubo muchos budhas antes de Budha. Y eso que ustedes ven por ahí, repito, son dioses de la fortuna, no son Budha, que llevan un morralito.

Imagínense una persona que duró 7 años, practicando ayunos, sin comer alimentos de carne, sin comer ni siquiera a veces vegetales, viviendo del rocío de las plantas, de absorber las savias o de líquidos de algunas hojas, tomando agua y haciendo unas prácticas.

Tenemos muy mala información del Budismo en occidente. El Budismo es más allá de esa visión supersticiosa y misteriosa que nos vendieron y comercializan.

Le estoy diciendo, solamente, el que trae los lingotes y las monedas no es el Budha. Yo no estoy diciendo que es Shiddarta el Gautama, estoy diciendo hay unos que por ahí les ponen como unos lingotes de oro y un poco de monedas y dicen que ese es el Budha, la gente le soban la barriga para que les traigan plata, ese no es un Budha, es un dios.

Cuando usted vea un Budha representándolo en forma gordita, o a veces con un morral, como con una bolsa, así como el que se fue de la casa. Este sí, es una representación, símbolo de Budha, con las orejas largas que representan eso, las orejas miran la espalda y se presiona sabiduría. Esto porque la oreja es como un feto invertido, esto es la cabeza, un feto invertido. ¿Para qué es la cabeza?, la cabeza indica la sabiduría. Esto significa lo abarca a todos los seres y todo lo puede digerir, no hay nada que no digiera; y esta cosita que tiene aquí, se fue al cielo para venir a prestar servicio. Es un símbolo, no puede ser un Budha un ser gordo. Y cuando digo aquí que hay varios Budhas, no quiere decir que hubo varios Budhas, es "Todo *el que alcance el estado de conciencia es un Budha*".

Y hay niveles de Budha, ejemplo: Algarante, con toda su penetración científica a lo que llegó, se llama Patriji Budha, porque Budha no es un hombre, Budha es un estado de conciencia, son los que hicieron la conciencia. Por ejemplo, Albert Einstein, alcanzó e Patriji Budha, un grado de conciencia de una alta sabiduría y comprensión en un nivel de la vida, porque es algo diferente a lo que alcanzó Budha.

Shiddarta, lo alcanzó en el plano igual y completo de la conciencia humana. Leonardo da Vinci, es un Patriji Budha, alcanzó un estado de Budha pero en el nivel artístico. Pero hay una gran diferencia a Shiddarta el Gautama, se le despertó la sabiduría, la compasión, e amor universal y decidió ayudar a los todos seres. Pero pregúntense si a Leonardo da Vinci se le desarrolló eso. Leonardo da Vinci ayudó a crear armas de guerra para su tiempo y se ganaba mucho dinero con eso. Albea Einstein, ayudó a construir la bomba atómica. Hay una gran diferencia entre alcanzar un nivel de conciencia intelectual con un nivel de sabiduría en la mente del hombre y alcanzar un nivel de conciencia que lo despierte a la relación universal con todos los seres. Y eso no solamente se ve, si usted habla derecho, se escuda en un Budha. Un estado de conciencia, donde usted está muy despierto, claro, consciente de la sabiduría, de la compasión y de la uniciencia de la vida y ayudando a los todos los seres. No confundan a los seres humanos o a las estatuillas con los budhas, esos son los símbolos sociales.

El Budismo, pasó por varias etapas, una la ortodoxa que la trajo Shiddarta el Gautama, después de alcanzar ese estado de conciencia trajo esa visión, después pasó por otras etapas. Pero no voy a entrar en eso ahorita si no cuando hable un poco del Budha para irme más allá del tema que nos interesa ahorita que es la postura, luego iremos a otros aspectos de la práctica budista.

Repito, hay varias posturas, pueden adoptarlas aún en una silla, si no tienen, porque no es el asiento el objetivo, pero el asiento nos ayuda. La lancha no es el objetivo, pero si no se monta en la lancha no pasa hacia el otro lado. Pero sin embargo, no podemos darle más valor al asiento, ni a la lancha, porque cuando llegó al otro lado se va la lancha...

Hay una historia de alguien que estaba sentado en meditación, el maestro lo veía que nunca iba a comer, estaba absorto, no quería hacer otra cosa. Entonces, el maestro, un día agarró dos ladrillos *y* empezó a tallarlos al lado de él y les daba duro, duro y duro.

Y el discípulo se tuvo que salir del estado que tenía y le dijo:

"Maestro estoy meditando, estoy buscando el estado de Budha".

Y el maestro le dijo:

"Y yo estoy haciendo un espejo".

Y le dijo:

— "¿Cómo puedes hacer un espejo de dos ladrillos?".

Y le dijo:

— "¿Y cómo un Budha puede estar sentado?".

Lo quería sacar de esa atadura tan radical, no puede haber fanatismo en nada...

si viven en Asia, si viven en Laponia que es frío, busquen el calor, el frío o su aire de aquí. Vuelvo a repetir, no se condicione tanto a lo externo, porque es externo, el día que no tenga aire acondicionado, usted dice: "no puedo meditar". Yo les recomiendo aun que puede ser una silla o puede ser el *Zallí*. Ahora, si es importante que usted tenga en su casa un espacio para hacerlo, es buscarlo. Yo les pregunto:

"¿ustedes tienen baño?, ¿tienen cuarto para dormir?, ¿tienen comedor?, ¿tienen un lugar para la interiorización del ser o la comunión con lo espiritual, lo tienen en sus casas? Se olvidaron de Dios al construir las casas, se olvidaron de la divinidad al construir las casas, se olvidaron del sí mismo, solamente entraron en el plano material. Allí debe haber dónde comer, donde dormir, donde defecar, donde leer, donde ver televisión, pero no hay un lugar donde comunicarse con lo sagrado. Entonces, busquen ese espacio, debe haberlo, así sea un rinconcito, sea algo. Pero tengan un espacio donde tengan esa condición con ustedes mismos y con lo más sagrado de ustedes mismos. Si no lo tienen háganlo, eso sí es esencial para aquí.

Me decía alguien, mire yo me diseñé una casa de dos plantas, yo medito en la cocina, a veces medito en la segunda planta, a veces en el comedor, a veces en la sala para dejar buena energía en todo eso. Entonces, yo le dije: "Bueno, la práctica meditativa no consiste en dejar buena energía en ningún lado, si no en su conciencia y su conciencia va a estar donde usted esté".

Entonces, tiene que crear más bien un espacio establecido, es más, que tenga ritmo y constancia y no tenga tanta intervención y no agite tanto al mono loco. Lo primero que va a trabajar es la postura, lo segundo es la respiración y lo tercero la mente. Si no pasa por estas etapas es muy probable que sus prácticas sean fallidas. Eso es muy común cuando se empiezan a hacer prácticas mentales y ya hay gente que también se desfasa, se le va un poquito la mano; otros se fanatizan, porque no pasan por las etapas adecuadas. Es como el boxeador que por primera vez que va a entrenar y quiere que lo pongan a pelear con el campeón mundial, en pocos instantes estará nockeado. No pasó por las etapas de formación, tiene que ir entrenando.

La yoga antigua, escúchenme bien, tenía 84.000 posturas físicas, muchas con dobleces del cuerpo, contorsiones, etc.; imitando animales, plantas, condiciones de la naturaleza. Y los grandes maestros fueron notando que todo esto se reducía a una postura.

Pero sin embargo, en India todavía sigue con fuerza el Budismo creando condiciones similares a las religiones occidentales. En el Budismo no existe ni siquiera el 2% de una población de 1.300 millones de habitantes, ni siquiera en la época del Budha toda la gente fue budista. Así como en la época de Jesús, nadie fue cristiano, la mayoría eran judíos, fariseos, saduceos, etc.; y tampoco hoy en día. En la tierra donde nació hay más otras fuerzas religiosas, entre los judíos, los brahamanes. Y el cristianismo le cuesta estar dentro de la tierra donde nació Jesús. O sea, las enseñanzas, comúnmente también son abordadas a otros espacios donde se le presta mayor atención. Casi que suena muy bien lo de "nadie es profeta en su tierra". Y también, el budismo hoy en día está muy fortalecido en Id zona de Birmania, China, Japón. Pero China y Japón le dieron una característica, que casi que ustedes les parece que no estuvieran estudiando Budismo del Confucionismo. Lo renovaron y es una práctica que se renueva constantemente, es una práctica que se adapta a las culturas. Cuando llegó al Tibet, los tibetanos le dieron una posición basada en sus vivencias espirituales, en sus dioses, en sus prácticas, en sus tipos de estudios. Y sin embargo, ahí todavía nació una corriente que se llamaba "La cólera", "Mas Madhundra", "El Gran Mandala", "La Gran Enseñanza" y esa escuela se parece más a las escuelas chinas y japonesas que son las más modernas y que dieron una estructura que aun hasta eliminaron casi el estudio de todos los textos sagrados, porque dijeron todo esto está escrito en el corazón de las personas, lo que tiene es que conseguirlo. Todos los textos, son una explicación de lo que uno tiene dentro. Y más son los que se han perdido leyendo libros que los que han encontrado algo, tienen es la cabeza atiborrada de conceptos, y saben que tienen un poco de páginas ahí, la pág. 10, la pág. 20 metidas en su cabeza, pero no tienen realización. Entonces, los maestros chinos le dieron más practicidad y le cambiaron la técnica de sentarse, corregida, ya eliminando las estructuras rígidas del pasado, que si no era la flor de loto no alcanzaba la realización. Y entonces, ¿el que nació sin piernas? No es la postura en sí, pero la postura nos puede ayudar.

Vamos a entrar un poco en el estudio de la mente, según la visión budista. Primero, adoptar que la mente tiene una capa externa y esa capa externa se llama *Yung,* es la visión china, *Yung,* tal como se muestra en la siguiente figura.

"CAPAS DE LA MENTE"

En esta capa externa, están los sentidos. Cuidado que lo que ilustre no es la mente es una idea. Lo demás depende de la investigación de ustedes, de la experiencia que tengan

para centrada. Aquí se encuentran los 5 sentidos, los chinos los llaman: ojos, boca, nariz, oreja, etc. Es lo mismo que decir, gusto, tacto, visión, olfato. Cuando uno dice ojo, es lo que uno ve y percibe adentro; no solamente, los 5 sentidos externos, según la Tradición China, y 5 percepciones internas; lo que uno ve en realidad *y* lo que uno percibe. Por ejemplo, le voy a dar el ejemplo de una persona miedosa, nerviosa en exceso, y ve una sombra y dice:

"Estoy viendo un demonio, una cosa", era una cosa. O sea, una cosa es lo que él ve y otra es lo que...**y** lo que traje se convierte en ilusión allá adentro. Pero también tenemos 12 sentidos que nos ubican, estos están en la función cerebral, estos se llaman propio-espaciales, nos ubican en espacio, tiempo, forma, lugar. Ustedes se dan cuenta que en la calle usted pasa y calcula donde viene el carro, no le va a pegar. Entonces eso no depende sólo de la vista ni del oído, depende de la ubicuidad que le dan esos 12 sentidos que están definiéndolo en espacio, en tiempo. Usted a veces está y dice: "Son como las 11 de la mañana". Y revisa, si son como las 11 de la mañana, ¿quién le dijo eso, los ojos, la nariz, la boca?. Son unos sentidos establecidos ya estudiados también por la ciencia, tenemos 12 sentidos que nos ubican en espacio, tiempo, lugar y nos relaciona con la forma también. Esto son planos tridimensionales, usted mete la mano en algo y a veces sabe que es cuadrado, redondo, circular. Esta es la capa más externa con la que casi siempre nos movemos, allí también se encuentra el ego, el yo le dicen, es el mundo de la emoción.

Emoción: e, significa yo, ego (lo mismo); y moción, movimiento. Una emoción es un movimiento del ego, del yo. En esa capa está también está el mundo discriminatorio o los conceptos, concepciones discriminatorias. Empiezo a vivir al mundo en bueno - malo, alto - bajo, o este es así, el otro es asao, hago..., ahí está el mundo para discriminar. Las creencias se pueden influir en la discriminación, pero ahí está la discriminación. Si soy religioso mi discriminación se hace diferente; también, si soy científico, a lo mejor, mi discriminación, pero ahí está la discriminación. Ahora ¿con que la nutra yo para discriminar a los demás?, ya esa es la parte ideológica.

Y también están algunos depósitos de información, se llaman Alayas y que más que todo está relacionado con el subconsciente, como le llaman las teorías científicas modernas. Podemos ver que, en cuanto al sueño, mucha de la información es subconsciente. Los sueños todavía no son una capa muy profunda, hay escuelas filosófico-religiosas que se basan mucho en el mundo astral, le interesa el mundo astral, es el inundo primordial. Para la Tradición China, esto es solamente capa superficial, de aquí se mueve un poquito para allá, eso es todo. Es como esta sala, si yo estoy aquí, ¿dónde estoy?, en la sala; ¿si estoy en el centro?, estoy en la sala; ¿y si estoy en la punta?, en la sala. No es otro lugar donde estoy, sigo estando en la sala. Cuando usted sigue los sueños, sigue estando en el *Yung,* todavía están en la etapa del Yan*g.* Y cuando está en los pensamientos de los que, hacen hasta prácticas para manejar la energía espiritual y controlar los pensamientos, (inar en otros planos. Pero resulta que en este plano no hacen transformaciones. Entonces, hay que empezar por el plano donde uno le corresponde.

También están allí la lógica, la razón que es una de la más utilizadas, casi toda esta sociedad está basada en el estudio de la lógica y la razón. Y no es que sea mala, estoy diciendo que es el plano que está allí, no estoy diciendo que sea bueno o sea mala; pero la lógica es la que más hemos utilizado y hemos abandonado la intuición, las disposiciones internas. Sólo nos hemos dedicado al razonamiento y a la concesión, a tener concesión. Fíjense que es una capa bien...

pero aquí es donde el mono se pone más loco, porque tiene demasiadas cosas y no hay dominio, ni siquiera de esta capa y se considera la más superficial y allí es donde tenemos al "mono loco, picado por un alacrán y montado sobre un caballo ciego". Entonces, fíjense, en la parte de la lógica y la razón, la ciencia, y todo. Casi todo esto está lleno de la inteligencia conceptual, diseñar, no está mal, pero el sentido común se pierde para la vivencia emocional. Cuando tenemos una circunstancia inferior, un conflicto familiar, una situación, una pérdida. Allí el sentido común se pierde, terminamos gritándonos, insultándonos, llorando, peleando y enemigos. Entonces, ¿dónde está la razón?, pues sienta orden, quiere decir que hay un mono loco que no controlamos. Y que hay un planteamiento, que mientras todo parezca estar en orden, está bien. Pero cuando me cambian la silla y me mueven las cosas, me desespero, me descontrolo y no tengo ningún dominio ni en el yo, ni en los sentidos, ni en la ubicación espacial, ni en nada. Ahora ponerse a controlar esta parte, aquí casi toda la ciencia ha creado la Psicología, los Sistemas Conductuales, la Gestal, también la Psiquiatría. Todo eso lo ha buscado para acá y hay cantidad inmensa de terapias para, no están mal, pero ayudan a apaciguar al mono loco. Pero no ayudan a trascender. No controlamos y todo, y volvemos a agarrar un cierto ritmo, peto estamos represados. Cuando venga la oportunidad otra vez y tenga otra circunstancia o similar con más fuerza o peor, igualito como un volcán voy a salir, porque no tengo un dominio de esa capa de la mente.

La otra capa de la mente un poco más profunda, se llama *Ilsing* (se pronuncia sian), otra escuela le dicen *"Sing"*, hay hasta un estilo de físico, donde se llama *Si* Vi *San*, boxeo de la mente para pelear y regular la mente. Esta segunda capa, aquí entra algo interesante, aquí están algunas conciencias; pero están algunos Alayas más profundos, unos depósitos que tienen más tiempo en nosotros. Ahora recuerden que ustedes tendrán informaciones de sus padres, la energía ancestral, la hereditaria. Entonces, a veces uno trae conductas que no vienen de uno. Aquí hay conciencias un poco más profundas que las de la capa Yung. Informaciones más profundas que están allí y en cualquier momento pueden despenar.

Aun la Tradición Budista cree en la reencarnación, dicen que podemos haber tenido vidas pasadas. Pero esto no se preocupen de estudiarlo, es experimental. El día que usted esté realizado, dicen los maestros.

A Budha alguien le dijo:

"Maestro, ¿es verdad que hay vidas pasadas?, ¿es verdad que existe la Divinidad, que existe Dios?, ¿es verdad que el Universo es infinito?, y empezó a hacerle todas esas preguntas.

Y Budha le dijo:

"A caso yo te dije que vinieras a mí para enseñarte esas cosas?".

Y él le dijo:

"No maestro".

"Acaso yo te dije a ti que te iba a decir que el cielo es finito o infinito?". Así le fue diciendo las mismas preguntas, se las rehízo.

Y le dijo:

— "Entonces, ¿para qué yo te dije que vinieras a mí".

Entonces, él le dijo:

"Maestro para que yo me encuentre a mí mismo".

— "Entonces ve a buscarte".

Pero en otra historia él le contesta de esta forma, le dice:

"Cuando te encuentres a ti mismo, tendrás todas las respuestas".

O sea, si quiere encontrarse y después que usted se encuentra, sabe si Dios existe o no existe. O, mejor dicho, todas las preguntas que usted tenga, son las mismas que las respuestas. Cuando usted se encuentra a sí mismo, en vez de hacerse preguntas, va a tener respuestas. Entonces nosotros queremos...

vamos a satisfacer a *Yung*, la capa externa. Entonces, querernos conceptos, queremos ideas, pero eso cambia. Se parece un poco a la silla. Se dieron cuenta que usamos silla, cojín, mesa. Mientras mejores sean los cojines, a lo mejor eso es más cómodo y usted pasará la vida buscando cual es el cojín más cómodo. Pero cuando se aparezca su incomodidad externa, quiere otro, es como buscar un sofá, una cama, así se va a pasar toda la vida, buscando el confort externo; y debe conseguir es el confort interno. En esta capa usted consciente, también aparece una conciencia muy especial *"La Conciencia del sí mismo"*, uno si siente que uno existe.

Pero fíjense, de la capa externa, es interesante, hay muchas cosas, podemos agregar muchas cosas, pero estoy tratando de resumir. En la capa externa está la personalidad y en esta un poco más interna, está la individualidad. ¿Es diferente o no?. Personalidad viene de persona, persona viene del griego *personón,* que quiere decir, máscara. Entonces, vivimos *con* máscaras. En la casa soy de una forma, en la calle de otra, *en* el trabajo de otra y así. A lo mejor, tenernos miles de máscaras, si, necesitamos una para la familia, para la hermana, para la hija, para la abuela, para el primo, para el otro, para el novio, para la novia, para el esposo, para la esposa, etc., en todas partes nos ponemos una máscara. Y saben entonces, que en la vida somos esclavos. Complacemos a los demás, porque no nos hemos complacido a nosotros mismos. No es igual hacia afuera que hacia adentro. Porque hacia adentro es en relación a que el mundo esté en concordancia conmigo; y hacia dentro es que yo soy el que tengo que estar en concordancia con lo que hay allí afuera. Sea que me guste o no me guste, sea raro, sea extraño, sea bajo, sea grande, es la excedente. Puedo tener una capacidad de vivir en cualquier lugar, como el agua, si la ponemos en este vaso ella adopta la forma de vaso, un plato, de plato. O sea, somos moldeables, somos flexibles, pero hemos perdido esa flexibilidad. Y hay otra cosa, cuando es hacia los demás, es personalidad.

Debemos encontrar que hay algo dentro de nosotros que es individualidad, viene de indivisible. Cuando empezamos a encontrar más unidad con nosotros mismos, empezamos a darnos cuenta que esa individualidad existe, que cada uno de nosotros tiene algo que le pertenece ya no necesito vivir con máscaras, y el mundo para mí ya no va a ser un teatro, me doy cuenta que el mundo es un lugar donde realmente existo y debo dar una respuesta a esa vivencia. Más sin embargo, esta capa, llegar a ella, es una capa seductora cuando uno tiene conciencia de sí mismo; porque está muy unida *a* esta y por los conceptos, y las dos, se vuelven una sola y uno cree haber logrado todo. Aquí sin embargo las conciencias son duales, sigue existiendo mucha dualidad. Aquí pueden haber conciencias que oscilan entre el cielo y la tierra. El número de conciencias que yo ponga aquí no quiere decir que son las únicas que hay, quiere decir que entre ellas hay infinidad y son infinitas. Pero Budha fue tan sabio que las pudo resumir en 10 niveles para que uno pudiera entender. Y al estilo chino también, los chinos le llamaron a la superior, *"Conciencia Celeste"* y a la inferior *"Conciencia Infernal"* o terrestre, tal como se ve en el dibujo siguiente:

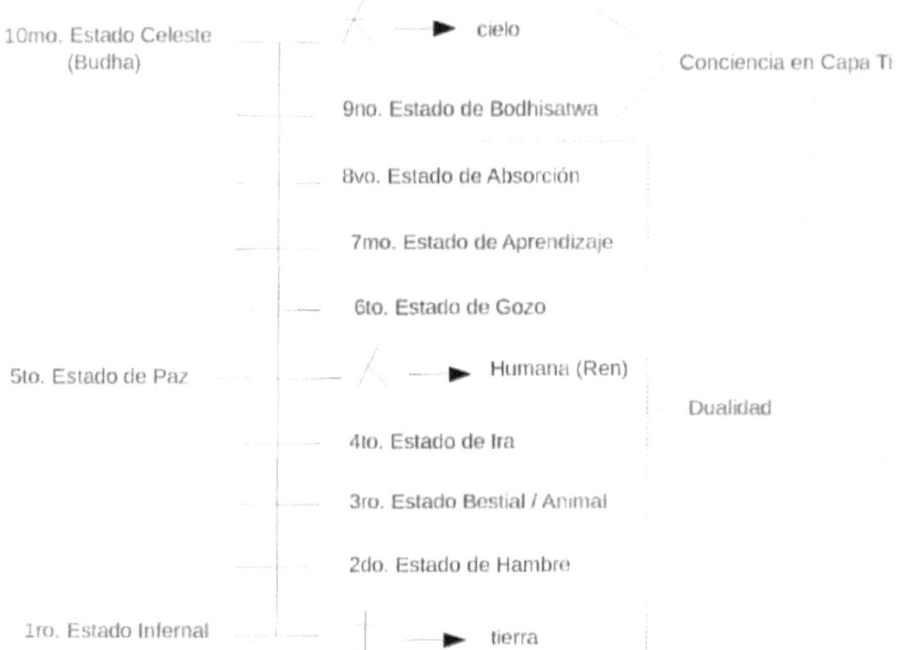

Pero no hablan del infierno que hablan los occidentales, con un demonio, con una cola, con un tridente, puyando al que llega y metiéndole...esto quiere decir felicidad o bienaventuranza suprema *(Estado* Celeste), y esto quiere decir, sufrimiento supremo *(Estado Infernal)*. Mientras más sufra, más infernal es su vida. Pero esos estados se consideran que son simultáneos: hoy usted está feliz y le dan una noticia y está llorando; usted se acostó feliz *y* le empezó a doler la muela y se fue al infierno. Ese dolor lo hace entrar en sufrimiento. Es simultáneo o tiene algo que le molesta, pero consiguió una información que le agrada tanto, entró en estado de felicidad. Pero resulta que para la Tradición Budista trascender el sufrimiento es primordial, porque es inherente al ser humano. Todo ser humano, en el momento que nace trae intrínseco ya el sufrimiento y por estas etapas va a pasar: nacimiento, enfermedad, vejez y muerte. Un proceso sencillo, pero no entendible por la mayoría y nos resistimos a él y no sabemos trascender la vida en ese proceso.

Hasta que nos toque partir de este plano, nadie quiere hablar de eso; dele un taller sobre la muerte, y a ver ¿cuántos van?, ni uno, tienen miedo. Eso es parte de la vida.

Recuerdo un poeta indígena de mi tierra, me escribía algo donde decía: *"¡Oh muerte, tienes la misma edad de la vida".* Desde que llegó la vida, llegó la muerte, no hay dos cosas diferentes, ¿le parece raro?.

Es interesante, cuando llega el sufrimiento, está implícita también la felicidad. Cuando en Budismo se habla de demonio, no se habla de demonio físico. Sin embargo, una parte, en toda la historia, que se fue hacia la parte no trascendida del sufrimiento. Cuando se habla por ejemplo, del *Rey Demonio,* es el Rey más grande de todos, *El Rey Demonio, es la ignorancia de que nosotros tenemos en nuestro interior la Naturaleza Suprema.* Dicen que es el peor de los demonios. Es la ignorancia de no poder tener el conocimiento, de que dentro de nosotros existe el *Estado Supremo*. Y como no lo sabemos ni sabemos como acceder a él, dicen: ese es el peor de todos los demonios. Nos mantiene en la plena oscuridad del verdadero conocimiento, porque nosotros podernos tener plenitud.

Y cuando ustedes han tenido el máximo de felicidad. Yo les recomiendo que hagan un ejercicio en casa, no sentados, acostaditos, póngase a recordar el día en que sufrió, que ha sufrido más en esta existencia que ha tenido. Desde el más jovencito que está aquí, el día que sintió que era su máximo sufrimiento. Y después busque el día en que ha tenido su máximo estado de felicidad. Parece facilito, pero cuando ustedes sólo revisan con la capa *Yung,* uno pone cualquiera. Pero el proyecto de Medicina China, hay terapias que uno hace que las personas lleguen a conseguir el estado de felicidad que ha tenido más amplio en esta vida. Algunas personas, pueden recordar hasta en el vientre, o pueden recordar cuando tenían un año de edad, o tenían 3 meses y recuerdan cosas que aparentemente son tan simples, pero la persona en ese estado estuvo en su máximo estado de felicidad. Si usted lo recuerda sólo mentalmente, las damas, la mayoría dicen: "Cuando nació mi hijo", pero cuando uno le hace la técnica no es ese día, es mentira. Pero el 99% dice, "cuando nació mi hijo". Mentira, cuando nació su hijo estaba gritando, llorando, le estaban apretando la barriga, le salía sangre, le pusieron inyecciones, no es ese día. Es una forma de decir: "Amo a mi hijo", pero no sabe...puede ser que haya alguna que haya sido en ese instante, pero la mayoría lo dicen así. Y es, que cuando sea *el* momento que vió más sufrimiento, fue su estado más infernal. Y cuando, el momento que tuvieron su máxima felicidad ha sido el estado más cercano al cielo que han tenido, el más celeste. Porque esa propuesta está en el ser humano, trascender el sufrimiento. A Budha le preguntaron:

"¿Qué es *felicidad?".* Dijo: *"Ausencia de sufrimiento".* Cuando tenga ausencia de sufrimiento eso es felicidad. Porque usted está sufriendo y sufriendo, y dice: "Yo estoy muy feliz, pero estoy sufriendo", ¿cómo es eso?.

En estos niveles de conciencia que resumió el Budha. Los chinos, dicen: *"El hombre mide 10 pies de altura".*

Entonces, el segundo se llama *Estado de Hambre,* estos son los nombres que le daban en La Tradición. A veces que podemos resumir la existencia de la vida en tres palabras hambre, sed y herida. Hambre se refiere a la insatisfacción, a los deseos, cuando usted no come o no se sacia y sigue y quiero lo otro, sin saciedad, es un estado de insatisfacción, eso produce sufrimiento. El Budismo plantea que no es el bien y el mal lo que causan deterioro en la vida y que no es el mal el que causa el sufrimiento. Es el sufrimiento el que causa el mal. Ejemplo: alguien cuando roba es ¿por qué está feliz?, bueno es un ser que tiene sufrimiento, y como no tiene su felicidad, está tratando de alcanzarla con lo que roba; el que mata, el que hiere. El sufrimiento es el que genera el mal. Siempre pongo el ejemplo, en las cárceles o en las policías, que la persona que cuida al que está preso también es un ser sufriente, no es que esté feliz. Y si uno lo revisa, tampoco es que es plenamente bueno y que el otro es plenamente malo. Si basáramos las sociedades en identificar el sufrimiento y la felicidad haríamos un cambio gigantesco; porque en el fondo todos estamos en el plano del sufrimiento y podríamos buscar una trascendencia para eso. Entonces, el Estado *de Fiambre* es un estado de insatisfacción.

Pero luego viene el Estado, se le llama *Bestial o Animal,* es el estado donde vivimos de los instintos, el estado instintivo. Entonces, comemos, bebemos, todo en función de los instintos. Y eso lo sabe la sociedad *y* todo lo que nos ofrecen es en función de los instintos, aun el instinto sexual. Quiere comprar una puerta, ponen a alguien desnudo vendiendo una puerta y la gente compra la puerta y cree que se llevó el ser desnudo para su casa. Son los mecanismos psicológicos para la capa Yung, tener a uno vislumbrado, control social, control del consumismo. Esta es una sociedad basada en el consumismo, al consumo y consumidor. Y este *Estado Bestial o Animal,* nos hace sentir a veces satisfecho. ¿Cuántas colas hace la gente para ir a las iglesias?, no hacen colas; ¿la gente hace colas para ir a las librerías?, no hace colas; ¿hacen colas para ir a las prácticas meditativas y para el Di *Chi?,* no hacen colas; ¿hacen colas para comprar harina pan?, ¿hacen colas para comprar papel toilet? No tenemos muy profunda en nosotros la necesidad del crecimiento interior; para nosotros es satisfacer las necesidades básicas. Esto es instintivo, es muy cercana a las conductas de sufrimiento. ¿Y si no tiene eso?. Yo he dado cursos gratis en mi escuela, doy cursos gratis a la comunidad, no va; pero le digo que estamos regalando harina, tengo que tener suficiente porque si me falta me tumban la escuela. La gente casi tumba las rejas para buscar comida, para buscar algo. Entonces, el mundo instintivo está sumamente activado en nosotros. Entonces ese nivel de conciencia es muy bajo, es conciencia animal como los ¿tribuales...tenga vestidos y donde dormir y a eso le llamamos satisfacción; pero eso nunca va a ser felicidad.

Y resulta que dentro de esa supuesta satisfacción, un día tiene un conflicto familiar y se acabó la satisfacción. Pero ¿en esa misma casa no han comido, vestido y techo?, ¿no hay techo, vestido y comida?, ¿no hay salud?, ¿pero hay la satisfacción interior?, ¿yo me siento bien con mi individualidad?, ¿la puedo expresar libremente?, ¿cómo dar mi respuesta ante la vida allí? Entonces, allí saben, nos damos cuenta que no somos, netamente de conducta animal; porque si no... A veces pasamos a la Bestial, nos convertimos en bestias mordiéndonos unos a otros y atacándonos unos a otros.

Y luego, tenemos otro tipo de conciencia, se llama *Conciencia de Ira.* Es la conciencia donde nace la violencia del ser; bueno está en todas, pero aquí la utilizamos como el recurso del control. Si tú me dices algo, me dices, te digo y te golpeo y tú me tienes que obedecer. Y la sociedad utiliza esa *Conciencia de Ira* para castigar. Aquí existe mucho el castigo: "Te tragas la luz, te meto preso"; "No pagas el agua, te la corto"; "no pagas la luz, te la corto". Entonces, vivimos reprimidos porque es una conciencia de represión y una conciencia de violencia. Y si ustedes lo notan, pasen ahí y usted ve que pasan el carro allí, se le atravesó, y ustedes le dicen: *"Que Dios te bendiga que los budhas te bendigan que te vaya bien",* ¿así actúan?; *"y esperamos que la próxima vez que cometas un error de estos no te vaya a suceder nada malo".* ¿Así actuamos?. ¿O tenemos una conciencia de vida?; entonces le nombramos todas las generaciones, la abuelita, la mamá. Esas conciencias están inscritas aquí, donde podemos tener conciencia de la individualidad también tenemos todas esas conciencias.

También tenemos la *Conciencia Humana,* netamente humana, *Ren* (se dice en chino, casi no se pronuncia la r), *Iíen Ti Ren,* Cielo, Tierra, Hombre. Ahora esta *Conciencia Humana,* que nos pertenece a nosotros, esto es la base de nuestro ser donde si la individualidad tiene más asiento. Se dice que es una conciencia de paz, tranquilidad y serenidad. ¿Cuántos humanos actúan así?, ¿te das cuenta? Entramos por raticos en este, y ya nos salimos a la lucha, conociendo el problema, la bestialidad, la animalidad, a la insatisfacción, perdemos la Conciencia *Humana* a cada instante. Perdemos demasiado la *Conciencia humana* y tenemos que rescatarla. Que interesante, el planteamiento del Budha que la pone en el centro, entre el sufrimiento y la felicidad.

Mire que interesante, en este punto donde se hace la cruz, donde se hace el cruce, donde está la conciencia humana, el espacio y el tiempo.

Un hippie, que vive de lugar en lugar con una guitarra, se montan en los trenes *y* van con una guitarra, nunca trabajan y no hacen nada y cantan.

Y el maestro estaba dando una charla sobre el centro de esta enseñanza y hablando de la libertad del ser, el ser libre, y entonces él dijo:

"Entonces, yo soy un practicante de zen".

Entonces, el maestro le dijo:

— "El tiempo desde su infinito pasado, hasta su infinito futuro. El espacio desde el infinito, hasta el infinito. El punto de cruce es el hombre. Por lo tanto, lo hace responsable de todo lo que existe, lo que puede ser o no ver, hacer y responsable de todos los tiempos. No se puede ser irresponsable *y* ser un practicante". Fue lo que le dijo.
Nuestra responsabilidad no es solamente con nosotros. Y ahí *el* Budismo plantea la ley de la interdepencia, todos somos interdependientes...
rocuror...y cada uno tiene una repercusión también en los demás. Por eso tenemos *a* veces karmas sociales, nos tocan ciertas cosas en la sociedad de conjunto. Y dice: "Yo no he debido nacer en este tiempo". Bueno váyase, ¿a dónde va a coger, si fue en este que vino?, ¿cómo hace? Nació en este tiempo, porque las causas y los efectos que creó en cualquier otro tiempo pasado lo trajeron a este. ¿Por qué a otro le tocó la etapa medieval con ese tipo de oscurantismo y todo eso?, y estuvo allí, ese era su tiempo, a nosotros nos tocó este con lo que tenemos alrededor. Sólo si en un instante se aparece un Patriji Budha, una persona que se vuela y como antes y trajo ¡t'uy! y revolucionó toda la industria y trajo muchas cosas, como el que creó el tren. O sea, al haber todos esos cambios, se hace un cambio social. Y muy pocos Patriji Budhas también llegan, las personas que tienen una revolución mental de darle un mayor valor a sus respuestas ante la vida. Pero llegaron otros como Jesús y van 2013 años y la gente todavía tratando de entenderlo y de hacer lo que planteó; Budha hace 3.000. Estamos esperando que venga a salvarnos y nosotros no nos queremos salvar, no querernos nada, no querernos nadar nosotros.
En el Budismo no se habla de salvación, se habla de liberación, uno tiene que liberarse *y* ayudar a otros seres que se liberen. ¿A qué se van a liberar?, a liberarse de esto, es de esto que nos debemos liberar, no es liberarse de los demás, es liberarse del sí mismo. Y su aporte para la paz, será valioso, si tiene estado de paz tendrá un aporte para la paz. Así debe ser, poco a poco cada quien hace su aporte.
Y luego, viene un *Estado* llamado de *Éxtasis o de Gozo*. Todo el mundo entra en estados de éxtasis o de gozo. Pero resulta que, por ejemplo, el estado de éxtasis en la energía sexual es por un ratiquitico, no dura 3 días o 4 días. Entonces, así tenernos muchos, queriendo prolongarlos el ser humano empieza a buscar drogas, otra cantidad de cosas, pero nunca llega. El planteamiento es que el *Estado de Éxtasis* sea la felicidad, la bienaventuranza, que se sienta en ese estado de contento, feliz, porque no hay sufrimiento. No es porque entré en el estado de felicidad, porque si vuelvo al sufrimiento, es porque no entré al estado de felicidad supremo. No estoy todavía en un estado de conciencia clara. Pero hay estados que se entran por diferentes dramas: unos por prácticas espirituales; otros porque turnaron; otros, porque bebieron. Pero esos estaban en éxtasis, cada uno traerá sus consecuencias, volvernos al estado de sufrimiento. Usted entró en un estado de éxtasis porque se echó una pea, luego después le dio una cirrosis, ¿cuánto le duró? Hay que tener cuidado que los estados de éxtasis tienen que ser, también aunados a un estado de sabiduría para que haya conciencia de lo que se hace. Por eso la conciencia del sí mismo, tiene que todo el tiempo estarlo cicateando. Todas estas conciencias las vamos encontrando en la capa *Hsing.*
Y luego, nos encontramos con la *Conciencia de Aprendizaje*. A todos los que estamos aquí, nos han enseñado a leer, a escribir. Hoy están en *Conciencia de Aprendizaje* porque quieren aprender algo más, y así siempre estamos buscando aprender *y* el aprendizaje trae cienos niveles de satisfacción. Esos niveles de satisfacción serán más altos a medida que usted tenga más conciencia y sabiduría, no más conocimientos. Por lo tanto, en capa H*sing,* el conocimiento es clave; tanto en capa, pero en esta capa también el conocimiento. Aquí será más profundo.
Ahora quiero contarles un cuento: "Cierta vez un maestro fue a una ciudad muy populosa. Las personas tienen como costumbre que cuando ven a los maestros, quieren preguntarle de todo, hasta le preguntan: si no sabe si donde está la cadenita que se le perdió el otro

día, quiere preguntarle todas las cosas. En vez de utilizar el aprendizaje para recabar un conocimiento más profundo. Entonces preguntamos cualquier cosa, en vez de implicados que nosotros no estamos en la búsqueda acertada, si no que seguimos en la capa *Yung* y en el plano horizontal buscando que conseguimos ahí. Entonces, ¿las personas qué le van a preguntar?: Cómo solucionan sus problemas económicos, cómo hace que no le está yendo bien con el dinero, por qué será que se les acaba tan rápido, cómo hago, será que trabajo, será que me cambio de trabajo, cómo hago con el amigo que se convirtió en un conflicto hace días o cómo hago con la pareja. Esas son las preguntas que comúnmente hacen en la capa horizontal, en vez de aprovechar que el maestro los puede conectar con la capa vertical. Y esto algunos no lo entienden.

Alguien le dijo a Jesús:

"Maestro quiero seguirte".

Le dijo:

— "¿Conoces los Mandamientos?".

Le dijo:

— "Si, se los mostró". Y así continuó ta,ta,ta.

Y le dijo:

"Muy bueno, ve y da todo lo que tengas a los pobres y sígueme".

Y se puso tan triste que se tuvo que ir; o sea, entró en un Estado de Sufrimiento, lo que pasa es que no tenía necesidades en el plano vertical, el Maestro lo que hizo fue probarlo. Él todavía tenía necesidades en el plano horizontal. Entonces, usted tiene que saber ubicarse. Usted necesita es comer arroz, ¿qué debe comer? Arroz, ¿para qué va a pedir marrano si le va a dar una indigestión? Tiene que saber que es lo que necesita para que lo busque. Pero, cuando tenga planos que buscar en lo espiritual, tiene que saber qué *es lo que asta) quiere, qué es lo que usted se merece y qué es lo que usted puede. Qué es* lo *que usted quiere, qué* es lo *que usted se merece y qué es lo que usted puede.* En lo espiritual es necesario saberlo porque si no va a estar dando vueltas: hoy se metió en una religión, la semana que viene anda en un mundo filosófico, en la otra, al final dijo: "Nada de eso sirve". ¿Era lo que estaba fuera que no servía? o ¿era su búsqueda que no estaba bien planteada?

Entonces, llega el maestro al pueblo, al lugar, y llega alguien y le dice:

"Maestro quiero hacerle una pregunta".

"Cómo no, hágame la pregunta".

Y le dice:

"¿Cuántos pajaritos hay en esta ciudad?".

El maestro sin vacilar le dijo:

"3.445 pajaritos".

Y le dijo:

- "¿Y si hay menos?".

"Si hay menos es porque los familiares de esos pajaritos se fueron a visitar a los pajaritos de la otra ciudad".

Y le dice:

- "¿Y si hay más?".

"Es porque los familiares de aquellos pajaritos se vinieron a visitar a estos".

Se fue y dice:

- "El maestro si daba respuestas estúpidas".

Y el maestro por allá dijo:

- "A preguntas estúpidas, respuestas estúpidas".

Tenemos que tener profundidad en la búsqueda, si no vamos a encontrar lo superficial. Hay que buscar con profundidad con ahínco. Y a preguntas estúpidas, ¿qué creen que van a obtener?, y ¿a búsquedas estúpidas?, encuentros estúpidos. Así de sencillo, es todo en la vida, lo que se busque superficialmente, superficialmente va a encontrar. Hasta en la vivencia del amor, si busca alguien y a ver que agarro, después se queja. No hubo una búsqueda profunda de corazón.

Entonces, no es lo mismo confundir conocimiento con sabiduría, el conocimiento no es sabiduría. La sabiduría sabe elegir. Y en lo que respecta al Budismo, saber elegir consiste, elegir lo que nunca le cause daño. Si busca lo que nunca la cause daño, si así hace, va a pasar su vida más feliz. Y todos iremos a un aprendizaje, pero el aprendizaje debe conducirnos a una conciencia más profunda, elevar nuestra conciencia. Porque hay diferentes tipos de aprendizaje. Todas estas conciencias están en todos los planos.

Y la otra *Conciencia* se llama *la Absorción,* como una esponja, lo que consiga páselo, internalízelo, que sea suyo, porque alguien le decía a un maestro: "Maestro, Confucio dijo tal cosa, Platón...Sócatres dijo lo otro, Chuang Tzu dijo esto, Lao Tsu dijo esto, Budha dijo esto". Y el maestro lo abrazó con compasión y le dijo: "Y *usted qué dice".*

Todo era prestado, era prestado de los grandes maestros. No, tiene que ser suyo, tiene que ser una absorción. Es más, lo que hoy se está dando aquí, la idea no es que tengan la cabeza llena de conceptos, es que lo absorben, que sea de ustedes y ustedes verán luego que hacen con eso, transfórmenlo, trásmutenlo, adáptenlo, combínenlo, lo que ustedes quieran, pero tiene que ser de ustedes, si no es de ustedes no hicimos nada en toda esta mañana, tiene que ser de ustedes. *La Absorción es la forma de asimilar y de hacer de uno lo que uno ha vivido en la vida.* Es la forma de experimentar y crear una condición neta, innata, propia. Unir con lo que uno trae en su ser innato con lo que uno ha compilado en toda su experiencia de aprendizaje y lo pasa al ser de uno; entonces, dice: "Esto es mío". Por eso ahí está la conciencia de individualidad sepa lo que es suyo; sepa lo que suyo, no lo prestado. Hay mucha gente que carga cosas prestadas para pegarle por la cabeza a los demás, aún los textos sagrados. Carga la Biblia para insultar y decir que usted se va al infierno que sus hijos tienen cáncer; o carga el texto budista para decir que tú no has alcanzado nada. Tengan cuidado con eso, porque eso que carga esa persona no es de él.

¿Será que carga?, si es de ella debe cargar compasión, amor y solidaridad, todo eso. Y no conceptos y libros; textos para darle por la cabeza al otro.

Y luego viene, el noveno no existe aquí. Yo uso el término tradicional, pero este no tiene traducción, *Bodhisatwa.* Es un ser que ha despertado la conciencia. Pero ya este no entra exactamente en la capa *Hsing,* entra en la capa más interna, se llama Ti, la esencia. Las otras ocho conciencias anteriores entran en las capas *Yung y Hsing.* La esencia, es lo que usted tiene en su origen, con lo que viene. Le pregunto:

¿Todos los conceptos e ideas que ustedes tienen ahorita, los tenían cuando nacieron?, cuando nacieron, ¿qué tenían? Ni siquiera tenían nombre, o si, se lo pusieron, ¿qué será cuando nacieron?, ¿nada más eran como un animal, un ser vivo?, ¿cuándo ustedes nacieron tenían conciencia?, ¿cuándo ustedes nacieron eran conscientes? Tenían la esencia no conciencia, tenían la esencia de su ser plena, prístina, pula. A esa tenemos que volver a cuadrar, tenemos que volver a abordarla, pero con conciencia, disciplina; ese plano que tenemos puro, preciso, con el que venimos con toda la energía para rectificarnos y evolucionar, crecer y desarrollarnos; pero con la presencia de la conciencia en el uso de esta energía primordial que nos dieron; y viene implícita junto con la existencia. Ahí empezamos a existir, la existencia. Esta mañana al despertar, todos se entregaron nuevamente a la existencia, no depende de nosotros. Aunque no depende del sí mismo, existe de algo más. No somos nosotros los que la conectamos ni los que cortamos el hilo. En esa esencia tan valiosa, en esta esencia, *Chi* en lo profundo, aparece también la *Energía Bodhisatwa.* La *Energía* Bodhisatwa es un estado de vivencia que ya no tiene dualidad. Todo esto para abajo (los primeros 8 estados de conciencia) tiene dualidad, puede ser bueno, puede ser malo, puede producir sufrimiento, puede producir

alegría. Pero *Bodhisatwa,* está un estado de conciencia...compasivo. Es el amor más valioso, no es el amor por sí mismo, es el amor profundo por los demás. O sea, un amor profundo por los demás. Por eso, como les decía ahora, ¿pueden sentir compasión?. Muy raro, a veces la sentimos por el cercano, pero ¿podemos sentirla por todos los seres?, corno Francisco de Asís por los gusanos, por las plantas. Francisco de Asís una vez venía caminando, cantando y vio una persona que pasaba frío y estaba desnudo, muriéndose, se quitó toda la ropa lo vistió y siguió. Y sacó una canción sobre eso. ¿Qué haríamos nosotros?, o los que estamos, o lo apartamos, o no lo miramos para decir: "Yo, no tengo nada que ver con eso". Tenemos una sociedad basada en no sentir nada por los demás, si no por los valores externos, por lo material, por los carros, por la casa, por todo lo que tenemos, no con los seres, ni con las personas. Entonces, una sociedad tan dura, que usted tiene que cumplir horarios, ser estricto y a eso le llaman disciplina. Disciplina viene de discípulo, usted no es discípulo de nadie en esto; usted lo que podrá ser es ordenado; pero disciplina no es. Y miren esto, usted consigue a alguien ahí herido y lo primero que hace es, mira el reloj, y dice: "Oye, voy a llegar tarde". ¿Ve cómo está hecha esta sociedad? No está hecha para el amor, está hecha para el demonio. "Tiene que temerle a todo", para poder controlarlo, ¿si no lo controlamos?. ¿Usted tiene amor? No lo controlan y usted va a decir: "Al César lo que es de César y a Dios lo que es de Dios", como dijo Jesús. No lo van a poder controlar si tiene amor. Entonces, las conductas de *Bodhisatwa* no son duales, no tengo dos pensamientos, es precisa y profunda.
El Budismo es universal, lo trajeron por allá en el Nepal, en India, en China, Dogen trató de mejorarlo, pero es universal. La Madre Teresa de Calcuta, era una *Bodhisatwa.* La Madre Teresa de Calcuta, decía a sus hermanas: "Vengan vamos a pescar". Y se iba y donde encontraban a un indigente, vamos a llevarnos ese señor, le preguntaron, se lo llevaron, tenía casa donde vivir, tenían una casa lindísima, vivieron 6 meses con él. Les estoy contando algo de La Madre Teresa de Calcuta, le reconstruyeron todo, ella se encargó de subir unas lámparas; y esas lámparas eran de bronce y eran bellísimas, allí encendían una luz; y le ensañaron a orar y todos los días oraban. Y se lo llevaban a él para buscar más y buscaron la casa como un refugio para salvar indigentes. A eso le llamaba ella pescar. Consiguieron unos pobres de los más pobres. Y resulta que 6 meses después se tuvo que ir de ahí. Y este señor, le mandó una carta, porque él se reformó, volvió a rehacer su vida. Y le mandó una carta, porque seguía reuniendo a la gente para hacer oración, prácticas espirituales, una cana que decía: *"Hermana, la lámpara que encendiste aún sigue encendida".* No era la de bronce, encendió la del corazón.
Y el otro estado, se llama *Estado Celeste,* los hindúes lo llamaban *Estado de Budha, que quiere decir "El que sabe", "El Despierto", que está clara, que no tiene dudas, tiene un estado de sabiduría amplia infinita.* En Ti (y en ti, en mí, en el otro, en criollo) está la esencia, está la mente compasiva, está la mente universal y está la mente feliz. Existen las tres mentes. La mente universal es la que tiene una comprensión del *leído,* es universal. Fíjense como se estructura una idea. Esto se puede ampliar muchísimo más, pero quiero darles esta forma de estudiar.
Es muy difícil, lo que se ha planteado en 3.000 años que yo lo plantee en una mañana. Estoy tratando de hacer una comprensión de todas las enseñanzas que antes se transmitían en secreto porque...ellos cometieron pecado como decía Chuang Tzu *"guardaron para ellos lo que era para todos".*
Lo transmitían en comunidad, también con las eras, con las excepciones. Muchos de los maestros por enseñar esto, tenían que entregar la cabeza, los mataban, en China, en India, los mataban. Religiones establecidas y los emperadores, pensaban que esta gente si empezaban a despertar la mente, como en todas las culturas, "se van a formar unas transformaciones que no queremos *y* hay que entregar el poder".

Muchos de ellos, al frente de los templos, le mandaban a cortar las cabezas para que no enseñaran esas cosas, eran prohibidas estas enseñanzas.

Entonces, una condición igual de lo que es la mente, pero al abarcar algunas de estas cositas se puede ampliar sumamente. Esto es infinito, no quiere decir que son 10 conciencias en sí, se quiere decir que entre una y otra, esto es infinito; las mezclas y las combinaciones entre todas. Pero lo que sí sabemos es que un *Estado de Budha* y un *Estado de Bodhisatwa,* no entran en la mente común, ni siquiera en los planos de conciencia infinito, es la esencia la que las trajo. Cuando llegarnos a ellos, no es que logramos fabricar algo, sino que logramos ver lo que teníamos. Era natural en nosotros, siempre había estado ahí. Y como decía un maestro chino: *"Era como querer ver el Monte Fu lleno de niebla y nieve; cuando tú vas allá sólo ves al Monte Fu lleno de niebla y nieve",* ahí no hay nada fuera de lo natural, estaba siempre ahí, estaba siempre ahí. Y como un poema chino de "Los 10 toros", "Los 10 estados de la mente":

"Salí a buscar en una noche oscura y en los pastizales de esta vida al llegar me puse a descansar.

Viendo las estrellas y tomando conciencia del momento, me di cuenta que todo estaba hecho del mismo orden (era lo mismo la unidad, la mente universal).

Y comprendí escuchando a los grillos y a los ruidos de la noche que andaba buscando lo que nunca se había perdido".

Es interesante, andamos buscando lo que nunca se ha perdido. ¿Y saben porque no lo encontramos?, porque andamos dando vueltas aquí (en *Yung y Hsing),* no penetramos, no entramos a nuestra esencia.

Quiero que hagamos un ejercicio y este ejercicio va destinado a que contemos respiraciones, contar las respiraciones. Como la mente produce demasiados pensamientos; entonces poder controlarlo, tenemos que usar algún mecanismo. Cuando cuento uno tomo el aire, cuando cuento dos boto, y así sigo hasta llegar a 10. Diez es un símbolo de las 10 conciencias, es como si yo estuviese pasando por las 10 conciencias; pero sin producir pensamientos, en vacío. No consiste en ver y visualizar cosas, no; para eso sería ilusión.

10 respiraciones sin pensar. Y ustedes van a notar como a nuestra mente le cuesta llegar a 10; enseguida aparece pensamientos, aparecen ideas, aparecen técnicas o ilusión. Esta práctica va a ser el control, se llama *Joriki. Joriki, es la energía que uno pone para controlar su voluntad, su mente, su pensamiento.* Esa voluntad requiere un esfuerzo para que nosotros logremos tener ese control, ese dominio.

Vamos a hacer este ejercicio aquí sentados, con ojos cerrados porque tenemos mucha energía del entorno.

Vamos a estar 5 minutos contando respiraciones, *y* en este corneo de respiraciones vamos a ver cómo está nuestra mente, pero eso si, la espalda a la silla, trate de tener una postura más erguida. No es la adecuada, la adecuada es sentaditos sobre el *Zafú.* Estén lo más cómodo posible, no me cierren los ojos todavía, si ustedes cierran los ojos se llevan todo el despelote que tenemos aquí a fuera y toda la información. Lo que van a hacer, es fijen la mente en un solo punto, fijen la mente en un punto de la mesa, primero que nada, déjense guiar un poco para ayudarlos a centrar la mente. Fijen la mente en un solo punto, observen ese punto, obsérvenlo; véanle el tamaño, ¿qué tamaño tiene?, ¿color?, ¿tiene sombra o no?, ¿tiene luz o tiene brillo?, textura. No cambien la mirada, en la mesa para que sea más corto el punto, para que no se distraigan, no se dejen salir de allí. Respiren como si están tomando el aire de este punto y lo están emanando hacia este punto (el ombligo). Ahora cierren los ojos, van a escuchar una campana, voy a usarla para ayudarlos.

(Campana sonando), *"Joriki, Joriki,* sembrar la mente en la respiración, contar. Contando inhalaciones y exhalaciones hasta 10, al finalizar vuelven a contar hasta 10".

(Campana sonando), *"Joriki,* fuerza de voluntad, no se dejen invadir por los pensamientos, ustedes son su propia mente, su propio control".

"Joriki, (campana sonando) *Joriki,* fuerza de voluntad". "Si aparece un pensamiento o una idea tienen que empezar a contar de nuevo. Si aparecen ideas o pensamientos tienen que empezar a contar de nuevo.

Usted tiene que hacer puros los 10 canteo, tiene que llegar hasta 10 con naturalidad".

(Campana sonando), *"Joriki,* fuerza de atención". "Contar hasta 10 inhalaciones y exhalaciones". *"Joriki, Joriki,* fuerza en la voluntad, fuerza en el dominio...¿quién pudo llegar a 10 tranquilamente sin pensar?, ¿cuántas veces? (pregunta a participantes). Es bueno mirar cómo lo hicieron para que sepan cómo es la técnica.

Escuchar bien, uno al inhalar, dos al exhalar, tres al inhalar, cuatro al exhalar, cuento inhalaciones y exhalaciones, no sólo exhalaciones, no sólo inhalación. FI trabajo es hacer el esfuerzo hasta que uno pueda contar sinceramente hasta 10. Es un ejercicio para ver cómo está la mente emanando tantos pensamientos y uno tiene que aprender a regularlos; pero esta vez lo estoy regulando con el ritmo respiratorio.

Estamos pensando sólo en los números, ver sólo los números, no puede dejar que entren la forma, los colores, las formas, los sentimientos, las emociones, etc., sólo números del 1 al 10. ¿Yo puedo ver el sol?.

No es el sol lo que tengo que ver. solamente los números del I al 10.

"Vi una hoja", dijo una participante. Cuando viste esa hoja, tienes que comenzar de nuevo, ¿por qué?, porque no estoy viendo colores, estoy contando.

No debe dejarse seducir. Se puede ser budista completamente. Pero de nada le sirve ver algo rico ahí porque me esté seduciendo. Hay una frase muy especial en la Tradición Budista Japonesa, que dice así:

"Makyo". Si usted ve demonios o unas cosas feas no lo va a querer, segurito, ahora ¿si ve bonitas si se queda?, las dos son seducciones, igualito, sólo tenemos que ver números.

¿Saben que significa *Makyo?, significa dioses, significa demonios y también significa ilusión.* Cualquiera que vea, no es. Porque necesito llegar a mi esencia, pero segurito eso es como ir para un lugar, entonces me quedo aquí viendo el blackberry, me quedo viendo el cuaderno, me fui, me fui para otro lado y nunca llegué. No puede hacer distinción ni de lo positivo, ni de lo negativo. No es fácil, por eso le digo, nuestra mente discriminadora nos va a mandar, si es algo sabroso y rico, para allá me voy. Se va a parecer a la dieta, le dicen: "No coma eso". Y usted dice: "pero eso tiene un sabor muy rico", y entonces no les va bien.

Joriki, es fuerza de voluntad, que nada entre en mi mente si yo no quiero, mi mente la tenemos controlada, porque estoy educando al "mono loco, borracho, picado por un alacrán y montado sobre un caballo ciego". Como decía un maestro amigo: "Estamos domando al mono loco", domándolo, haciendo que nos obedezca que tenga respuestas.

Ustedes como ahora estaban educando el cuerpo, ahora están educando...a la mente con respecto a los pensamientos, emociones, sentimientos, no dejar que eso aparezca si yo no lo necesito, ¿para qué? Estoy aprendiendo a encontrar cuál es mi mente original, donde no salen esas recurrencias discriminatorias, donde no sale el bien y el mal, ir más allá.

El maestro le dijo a Dogen:

"5 enseñanzas".

Él le dijo:

"¿Cuáles?".

"La primera, la segunda, la tercera, la cuarta y la quinta".

Le dijo:

"no discrimines, estas más perdido, más simple, ahí entra tu conciencia más profunda".

Ahora, ¿en su caso?... En esto no hay bien ni mal sólo experiencia. Los ruidos a veces se convierten en una reflexión, una idea. El pensamiento no es solamente un concepto, es una idea, una imagen, un sentir; otros, puede ser que entre por el oído o por la vista, por la nariz, por la boca, por el tacto, por cualquier lado. Peto escuchen, no lo consideren malo, estarnos en el mundo discriminatorio, sólo experimentar, es una experiencia, no hay bueno ni malo. Ahora, ¿qué va a hacer esa diferencia?, puede ser que él que dice que es malo, puede ser que siga practicando; y puede ser otro que dijo que es excelente, puede ser que no practique más. Lo que va dar la respuesta es el futuro, lo que estudiamos y los que estarnos aprendiendo las técnicas. La experiencia es la que le va a dar el resultado. Si esto se lleva, si usted puede tener constancia. Si yo vengo dentro de un año, y alguien me diga: "todavía estoy practicando". Eso es maravilloso, quiere decir que adquirió *Joriki, fuerza de voluntad para seguir adelante.* Esto es energía, cuerpo de energía. Pero hay otros que no tienen *Joriki,* que fue un sólo día y ya.

Por ahora tenemos 10 pensamientos, los 10 números, pero no tengo todo lo demás alterado que me hace ir a las emociones. Cuando dice uno, ¿uno le produce emociones?, dos, tres. Pero cuando usted piensa en comida, 'hambre, sueño, si produce algún cambio. Entonces tengo que tener *Joriki* para dominar eso.

. • ¿Quién ha hecho de ustedes una dieta?, ¿quién la ha roto? Todos. Porque hay que tener *Joriki,* esa fuerza de voluntad que se gana en la Meditación, la pueden utilizar para estudiar, para vivir, para comer, para alimentarse, para todo en la vida. ¿Entienden entonces para qué sirve el *Joriki?* Pero lo necesitamos, esa fuerza de voluntad la necesitamos.

¿Usted eh su caso? ...te sacaba de sí. Entonces, tienes que seguir usándolo como un ejercicio. Repito, no es que está mal o está bien, es la experiencia de cada uno, puede ser que ahorita alguien tenga la mente muy llena y puede ser que mañana la cargue más libre, y mañana lo hace bien, hoy no. Ahora, la cosa es que uno pueda cada vez que se siente, ¡Paf!, entrar en ese estado de conciencia.

El sonido de la campana me sacaba de la concentración, dijo un participante.

Escuchen esto, yo le preguntaba a alguien que hacíamos esta práctica...le preguntamos, alguien dijo: "Tenía un carro en la cabeza". "¿Y cómo es eso?". "Como el carro no me lo han entregado, y hay un conflicto y yo ya lo pagué al seguro, y ese carro no se me salió de la cabeza, y no pude contar nada". A cada quien le pregunté, peto ese día hubo experiencias muy interesantes, por eso las compartimos. Y alguien me dijo: "No sé cómo puedo entrar en vacío y tranquilidad si usted habla mucho". Pero estaba atento de *mí y* no le sirvió mi ayuda. Puede ser que la campana a usted le sirva y a otros les molesta. Usted me dirá: "¿Por qué suena la campana?, si vuelve a tocar la campana yo no duermo". Les vuelvo a repetir, no consideren como una derrota no poder contar.

¿En su caso?... En China y en Japón utilizan un palito que se llama Kesaco, y el maestro les pega a algunos, *"Joriki"* o *"Shikantaza",* pero no le pega al nuevo, les pega a los que están a punto de llegar. Es como al caballo, el jinete le va a pegar al caballo que va de último, ¿para qué?, si ya saben que no va a ganar; a el otro si, le faltan 5 y alcanza al otro y gana. Y los maestros saben por la espalda como anda cada quien, y quien es el que va a pegar, para uno sería un honor que le peguen, es el momento en que uno va a llegar y la mente va a llegar a ese estado de conciencia, y cuando le dan, entra en ese estado.

Les repito, como cada mente es diferente, habrá a quien el *Joriki* no le gusta, y habrá a quien no le sirve, pero al fin y al cabo es solamente para centrar la energía en el lugar, pero igualmente usted tiene que estar en uno, dos, tres, cuatro, cinco, etc. Más nada, así es de simple el método, aparentemente.

Por eso les digo, pueden hacer lo que estamos haciendo, pero sin darse cuenta uno anda en otra cosa.

Nosotros nos pusimos de acuerdo que nos íbamos a sentar en la mesa, sin darnos cuenta la mente discriminatoria, escoge que es para nosotros es mejor y que no. Es nuestra mente, escoge lo que siente, si la práctica era contar, esa era la práctica, no había otra. No es que esté mal, les repito, está bien; pero la que estábamos haciendo ahorita era para saber si puede encontrarse bien sin tener otro nivel de conciencia, "me está doliendo la rodilla", ¿pueden hacer eso? ¿puede la mente hacer eso o no puede?.

Escuchar *Joriki*, es válido escucharlo, lo que no es válido es interpretarlo y eso ocupa un tiempo en la mente, usted puede escuchar el carro, la casa, puede respirarlo, pero si se concentra en una sola cosa de esas, ya se fue. No es tan sencillo tampoco, porque no estamos acostumbrados a tener ese nivel de atención, de dar, un nivel de atención, dice: *"Como una pelea de dos Samurai a muerte"*, pero...lo que estaba de ser más atenta de usted misma. Eso es lo que estamos practicando, ¿cómo hacer más atento de mí mismo", eso es *Joriki* también estado de atención alto de mí mismo, que cuando yo decido hacer una cosa, es esa. ¿Cómo lo puedo lograr? Sólo en la práctica lo va a dar, el tiempo.

Participante que perdió la atención al contar...

La práctica consiste también en aumentar la atención. Es una práctica de la atención, inhalación, exhalación y contar hasta 10; es un ejercicio que aparentemente es muy simple. Las practicas reales en las escuelas hoy en día duran entre 15 a 30 minutos.

Unas de las características del pensamiento, es que el pensamiento no puede atender varias cosas a la vez, usted no puede pensar en 3, 4 ó 5 cosas a la vez.

¿*Vayas*, depósitos? Imagínense cuantos depósitos tenemos ahí, ¿usted cree que esos no van a salir?, aun cuando entren en juego estados de conciencia y la mente está bien centrada, desde lo más profundo le puede salir la niñita cachetona, le puede salir otra, le pueden salir demonios, le pueden salir sus dioses, sus rollos, todo eso va a salir de allí y usted no tiene que tenerle ni miedo ni aversión, ni apego tampoco. Ah porque salen bonitos, me pego para allá, no, tiene que vencerlos a todos, hasta que se vaya limpiando, esto es un proceso de limpieza, hasta que drena.

Hay otra técnica que se llama *Shikantaza*, y es solamente quedarse en vacío. *Shikantaza*, quiere decir:

"Sentado como el arquero que está apuntando el blanco, no puede perder la atención". ¡Top!, lo toco y da en el blanco. *Shikantaza*, es la tercera técnica.

Entonces cómo hacemos nuestra práctica: Primero, educar el cuerpo, nos sentamos como hicimos ahora, 5 minutos para el cuerpo. Luego ejercicios físicos (flexibilidad). En la Segunda, 5 minutos para contar respiraciones. Y la Tercera, 5 minutos para hacer *Shikantoza*, entrar en vacío, 5 minutos de no pensar, sin dejar salir el pensamiento, pero conscientes sin pensar. No consiste el Budismo en perder la conciencia, despierto. A las luces, a los rayos, a los maestros, a nada de eso, a usted mismo, pero tiene que estar consciente. Todas las tres prácticas de ojos abiertos. Aquí lo hice de ojos cerrados porque tenemos muchas cosas, escritos, hablado. Pero es de ojos abiertos, se va a mirar la pared, no mirar arriba, 45°. Ya tenemos la técnica, ojos abiertos. Sólo que son tres tiempos, el primero, va el cuerpo; el segundo para contar respiraciones. ¿Con qué los divido?, con el ejercicio físico para estirar el cuerpo para aflojarlo, pueden hacer otro ejercicio si quieren, pero no muchos para que no se atiborren y después se vuelven a sentar. Y el tercero, vaciarse, vacío, solamente estar vacío.

El Budismo comienza con la vida del Bhuda. Bhuda comienza su práctica, su experiencia y tuvo dos experiencias muy interesantes, la primera que vivió en opulencia y en riqueza siendo hijo de reyes; y dándose cuenta que eso tampoco le daba satisfacción en su vida, se entregó a las mortificaciones, al ascetismo con los maestros en las montañas, pero eso tampoco le daba. Vivió las dos experiencias, máximo de placer y máximo de abstinencia y control. Ninguna de las dos le sirvieron y abandonó esas dos experiencias.

Y cuando estaba frente a un río viendo pasar a unos barqueros que tocaban un laúd, mientras pasaban uno le dijo al otro:
"No lo temples mucho porque no produce buen sonido; tampoco lo dejes muy flojo porque no va a producir sonido".
Y él como era un buscador de la verdad, el escuchar esta frase le sirvió, y dijo:
— "Este es el camino que ando buscando, es el camino medio, no es el camino de los placeres, y de la búsqueda de éxtasis en todo *lo* que está externo, tampoco es el camino de las mortificaciones ni de los sacrificios. Ninguna de esas dos".
Dijo: "El camino es el camino medio".
Y así empezó su práctica, y dicen que ese mismo día comió (que estaba prohibido), comió mango, bebió leche, habló con una mujer (estaba prohibido para los practicantes para los monjes), se sentó en una estera con cojines, durmió en una estera, todo eso estaba prohibido. La Tierra, el Fuego,..., esas eran las prácticas de yoga de la antigua India, todo esto lo abandonó e hizo lo que no era común y al hacerlo adquirió fuerza y energía, porque estaba en casi estado de inanición, decían que casi ni comía, se le estaban viendo todos los huesos, no era un gordo. Entonces, cuando se sentó en la mañana, al amanecer se despertó con las fuerzas renovadas, veía salir al "Lucero del alba" que es venus y viendo salir el Lucero en el Este, dicen que: *"Entró en el estado de conciencia serena, universal, amorosa y compasiva hacia todos los seres y con un pleno entendimiento de su vida, de la existencia, del universo, de todo".* Y cuando entró en ese estado, dijo: *"Maravilla de maravilla, nunca más erigirás en mí, tu paz",* le estaba hablando a la ilusión.
O sea, ya no tenía ilusión, ya había entrado en un estado de conciencia de entendimiento. Dicen que desde donde dirigía su mente, todo lo podía entender. Si lo dirigía a la vida, podía entender su vida en todo su proceso de evolución y todo. Si lo dirigía hacia el universo, podía entender todo el proceso de creación y decreación.
La mente entró en un estado de conciencia de omnisciencia, de un conocimiento supremo. Pero no de omnipoder, esto no se plantea aquí el omnipoder. Solamente, llegó al más alto estado de conciencia que podía llegar el ser humano y a ese estado se le llama *Estado de Budha*.
Cuando Budha discutía su experiencia, una experiencia muy maravillosa, luego tarda 45 años en transmitirla, 45 años en Nepal, duró mucho tiempo. Por eso todas las enseñanzas de él compiladas, se llaman *"Trinitarias"* son miles, miles de enseñanzas que están escritas desde sus discípulos. Pero cuando comienza esta enseñanza el...pelo...cima del buitre, agarró una flor, y la subió y la mostró ante 3.000 discípulos y todos se quedaban sorprendidos, tratando de entender esa enseñanza, se quedaron en la etapa Ying, la mente discriminatoria.
Se acercó a uno que se llama Majacaiyapa, y se la entregó, y le dijo: *"Poseo el tesoro del supremo conocimiento, ahora Majacaiyapa también lo tiene".* El único que había sonreído, entró en un estado de felicidad con sólo verlo levantar la flor. Los chinos le llaman a este estado, *Den Chin Den Chin,* es una comprensión de conciencia a conciencia, *de corazón a corazón,* sin textos, sin estudios, sin práctica, sin nada. Es algo muy interesante, se le llama iluminación espontánea con sabiduría espontánea. Y se dice que todos tenemos la posibilidad también. Por eso la posibilidad es que podamos lograrla en el futuro o podamos lograrla ya, en este instante. Esa es la maravilla del Budismo, no es un planteamiento para después como nos plantea esta sociedad: ¿usted quiere éxito?, para después; felicidad, para después. Todo lo tenemos planificado para ver si un día lo alcanzarnos y siempre vamos detrás de lo que queremos. Es una práctica bien profunda, bien interesante.
Les pido disculpas que no pueda darles todo lo que se tiene en un instante, es muy difícil; pero por lo menos espero dejarlos en la motivación, en la práctica, en la teorética. Y

bueno, en las técnicas y pueden empezar por las más simples. Tres prácticas, yo quiero dejarlas escritas aquí para que no se vayan a olvidar.

Y les voy a recomendar, si quieren ir comprendiendo un poquito más de Budismo, el Dalai Lama es muy bueno, porque es un budista que ha vivido aquí en occidente; entonces nos comprende un poco y cuando hace sus prácticas las hace adaptadas a nuestra memoria occidental. Pueden empezar por "Las *Cuatro Nobles Verdades"*, un texto del Dalai Lama. No les estoy diciendo que sea el único. Quiero darles por lo menos dos textos que pueden conseguir, el otro es Philip Kaupleau, el que les dije de las reverencias, se llama *"Enseñanza, Sabiduría e Iluminación"*, son *"Los Tres Pilares del Zen"*, de la Meditación, es un texto completamente práctico basado en la Meditación. Los consiguen en internet, varias personas me han dicho que los han bajado en internet.

¿Cuáles son las 4 Nobles Verdades?

El sufrimiento existe, es real; existen las causas que generan el sufrimiento; pero la cesación del sufrimiento existe; y la felicidad existe. O sea, que podemos trascender el sufrimiento. Y las 4 nobles verdades es eso.

Budha cuando volvió a encontrarse con sus maestros, les predica "Las 4 Nobles Verdades" y "El Octuple Sendero", el camino de ocho pasos para trascender su vida. El Dalai Lama tiene una explicación bellísima sobre el Budismo y de las 4 nobles verdades y cuando...pero alcanzaron el estado de conciencia que andaban buscando, sólo con la explicación que les dió el Budha; pero dos la alcanzaron, con sólo verlo, o sea *de corazón a corazón,* cuando lo vieron, su presencia, los hizo alcanzarla, *Den Chin Den Chin, de corazón a corazón,* allá es donde se transmite de corazón a corazón. Luego de allí, se dice que, en ese instante, Budha empezó a rodar, puso a funcionar la Rueda de la Ley..., todavía está vigente. Yo les decía con este tipo de budismo, pero hay budismos que se han deformado en occidente corno la religión. Usted va y hay personajes que tienen bandos, hasta delincuentes hay por ahí, vi por televisión que tienen una corte donde tienen delincuentes famosos de Venezuela, le llaman corte malandra y tienen hasta delincuentes para pedirles, para pedirles contratos y bienes, eso es una deformación de la religión cristiana. Así en el budismo también tiene algo de lo mismo, pero el budismo es más ancestral. Por eso les recomiendo la de Philip Kapleau, se llama *"El Zen de Philip Kaupleau", "Enseñanza, Sabiduría y Práctica".*

Hay más métodos allí, cuando algunos tomaron sólo inhalación, eso es un método, cuando sólo cuentan la exhalación es otro método. Cuando usted cuenta tino, dos, etc., es para regular pensamientos; cuando cuenta sólo la inhalación, es para aumentar Id energía; y cuando cuenta sólo la exhalación para regular la palabra y el verbo.

Repito: Cuando usted cuenta inhalación, exhalación, inhalación, exhalación, es para regular los pensamientos.

Cuando cuenta sólo la inhalación, cada inhalación, uno, cuando vuelve la otra inhalación dos, es para aumentar el Chi, la energía vital.

Y cuando cuento sólo exhalaciones, votar el aire, es para regular el verbo. Quien tenga problemas con el verbo y a veces el verbo se le dispara, le grita a los demás; o no dice lo que tiene que decir también, otras veces que no habla, se queda callado. Es bueno que practique exhalaciones porque regula, ayuda a regular el verbo, cada una tiene su función, pero pueden hacer experiencias.

Este, son "Las *4 Nobles Verdades"* y un librito de cuentos que se llama *"Nada Sagrado',* no recuerdo el traductor, pero es bueno porque son historias de puros maestros buenos, cuentos que tienen enseñanzas buenas. No recuerdo al autor, pero el título es tan sugestivo que creo que no hay dos libros con el mismo nombre.

Y les digo una cosa, sin esta teoría uno no sabe a dónde va; porque muchas veces las prácticas que muchos llaman Meditación consiste en empezar a visualizar, ver cosas, compagina, sanarse, todo ese tipo. Eso no es meditación, esas son prácticas específicas, especializadas para sanar, para lo que sea, son una terapia, para ver colores, para ver los chakras, para regular, no. La verdadera práctica meditativa tiene que consistir en conseguir el más alto potencial que tenga como humano. Y si no lo desarrolla, todas las demás son como parches. Pero como decía Jesús, El Cristo: "No *puedes a barriles nuevos ponerles parches viejos, eso se va a reventar por algún lado"*. Entonces, no es ponernos parches en nuestra vivencia espiritual es renovarnos y sacar todo lo que tenemos de potencial. Por eso el Budismo no es una práctica de lucha con lo negativo, no, es de crecimiento con lo positivo que tino tiene. Es hacer crecer lo positivo que uno tiene.

El Budismo le ha costado en la historia, corno dice el dicho popular: "Sangre, sudor y lágrimas", le ha costado demasiado implantarse en el planeta. Muchos maestros han tenido que entregar la vida, la cabeza, le ha sido muy difícil ese esfuerzo. Pero también para traer las enseñanzas desde la India hasta la China, aun hasta a pie. Es interesante, Bodhidharma un maestro que a la edad de los ochenta y tantos años se fue hasta la China y tardó tres años en llegar. Hoy en un avión uno está en 24 horas, por lo menos desde aquí. Pero Bodhidharma le tardó tres años en llegar, entre a pie, a caballo, los traslados, esfuerzo, bien fuerte, y a la edad de 76 años llevando esta misión. Sin embargo, fue un maestro que vivió hasta los 120 años con energía, con fuerza. Pero a él también le toco duro, le tocó una época en que en Japón existían los samurai, los budistas no eran budistas, eran personas que solamente regían en el poder y abusaban del poder, de las orgías que tenían con el poder, no eran budistas verdaderos. Cuando él llega le cuesta implantarlo porque, él dice:

"Traigo el verdadero Budismo".

Y le dicen:

"¿Dónde están las estatuas para adorarlas?".

Y le dicen:

"¿Dónde están los libros para leerlos?".

"No yo, soy yo".

— "Está loco, cómo va a ver un Budismo sin estatuas, ese está loco".

Porque ya el Budismo se había deformado y empezaban personas a adorar al Budha. Así como es la gente que dice: "yo quiero ser como Jesús, yo quiero ser como Budha, como Zoroastro, como Gandhi, como el otro", no quieren ser ellos mismos, el Budismo plantea la esencia del ser.

Hoy vamos proyectar una película donde van a ver el despliegue de la vivencia de Dogen..

"El Tambor del Dharma", una página web. En los templos hay un tambor que se usan para despertar a la mente. En "El Tambor del Dharma", pueden encontrar muchos escritos sobre Meditación *Zen,* es una de las escuelas que le han dado continuidad a las enseñanzas de La Tradición, está en Taiwan, y de donde recibo también algunas informaciones, enseñanzas y hay mucho contenido en sus páginas, mucha información. También tiene unos audios, tiene algunas descargas sobre la alimentación, sobre la Meditación, sobre el Budismo en sus diferentes aspectos; su parte comparativa con otras culturas. Y pueden bajar los audios, son muy buenos, son corticos *y* tienen muy buena información. Consigue ahí también información sobre el *Zen,* sobre el *Chin),* pueden abrir la página en español. Una página bien buena.

Cuerpo y mente, no tienen que separarse cuerpo y mente, esta es una traducción que no es, se dice:

"Abandonar cuerpo y mente".

Esta es la oración, se las leo:

"Con las manos juntas imploro a los Budhas (o sea, al que ya han alcanzado ese estado de conciencia y en especial a usted. Antes del Budha, dicen que llegaron 7 Budhas, hombres de mucha sabiduría también) *de los cuatro puntos cardinales* (o sea, de cualquier lugar del planeta) *para que brinden su protección y su luz a todos* los *seres que la necesiten, abrigándolos con su compasión y sabiduría* (dicen: ¿cómo se sabe si una mente es despierta?, tiene que tener Bodhisita. Bodhisita es sabiduría, compasión y mente universal, si no tiene eso, todavía se sabe que no ha despertado). *Prometo que liberaré a los que no sean libres* (una disposición de ayudar a otros a liberarse. Por eso cuando Goril le decía: "¿usted está aquí para salvar a la gente?". "No, para liberar", era para liberar. Pero no liberado del mundo material, de su propia conveniencia, inconsciencia). *Aliviaré a los que necesiten alivio. Conduciré al Nirvana a la luz a los que no la han alcanzado. Espero que todos los seres sean liberados* por *medio de la enseñanza fundamental* (la enseñanza fundamental, es no la sabiduría cotidiana, sino ld que nos habla de la inherencia, de esa inherencia que tenemos). *A los que no la han alcanzado, deseo que todos los seres sean liberados por medio de la enseñanza fundamental, por medio de la enseñanza y vivencia de la verdad que por medio de la virtud...*que *se ha aposentado en* todos mis *actos, palabras y pensamientos, las miríadas* (millones) *de seres sensibles reciban alivio a su sufrimiento.* (al tinal dice) NAMOFO. NAMOFO, quiere decir: *NAMO* es un saludo reverencial, un saludo digno; y FO es en chino, Budha, que significa iluminado. Quiere decir, saludo profundamente al Budha que hay en ti, a tu esencia, saludo a tu esencia.

Cuando el Budismo no se podía sostener en la India, los maestros tomaron una decisión profunda, de que había que trasmitido no dejarlo, porque era prioritario para la humanidad. Entonces, buscando que cultura la podía recibir, encontraron que en China había el Taoísmo y el Confucionismo, los tres dieron origen al Chan, al *zendo,* de lo que estamos hablando hoy. El Taoísmo se enfocó en encontrar la armonía con la naturaleza, el Tao. El Confucionismo, en encontrar las virtudes humanas, las virtudes que salían del espíritu; y el Budhismo a encontrar el potencial inherente al ser. Entonces, encontraron que los taoístas y los confusionistas tenían las bases como para retener al Budismo. Cuando el Budismo llegó, ya los taoístas conocían el vacío, conocían la información; pero se dice que el vacío no era lo último en llegar, porque esa vacuidad no era suficiente había que ir más allá hasta el Estado de Budha. Y el confusionista tenía las virtudes para intercambiarse con los seres, para interrelacionarse. Entonces tenían la parte de la relación con la transformación humana, la formación con relación a la naturaleza *y* el Budismo apartó la conciencia más alta. Se dice algo así, después de llegar al vacío, hay un poema que dice:

"Con el pecho descubierto con una gota de vino en la cintura,
canto canciones de niño me inserto en el mercado
(el mercado es el mundo, la vía, donde todo está ahí, fuerte y luchas y todo), después dice:
y siento una inmensa alegría que brota cuando miro a los seres
y al verlos sonreír y al sonreír ellos también buscan su camino de Budha".
O sea, es ir más allá del vacío, es volver al mundo, estar aquí, no solamente quedarse en un estado de conciencia de mente vacía, sino en un estado de conciencia de la inherencia que uno tiene y viviendo en la cotidianidad. El Budismo es una práctica de estado, estado es ensayar para practicar en la vida. En la vida es la práctica y en esta práctica es que está el verdadero Budismo. Allí donde el otro te grita, donde uno "te quiero", donde uno no te quiere, ahí es donde en verdad se ve si nuestro Budismo existe o no existe, porque es la transformación de uno. Pero esto es un trabajo largo y tendido. Pero ¿cuántas personas quieren hacerlo?, o ¿cuántas personas sólo se quedan con la información?.
Lo más importante de todo lo que se dio hoy, no es lo que se dio hoy, es lo que ustedes practiquen, no es pasivo, es lo que ustedes hagan, que ustedes transformen. Si ustedes no hacen nada, esto todo lo que hicimos hoy no tiene sentido.
El *Tai Chi,* es una práctica taoísta...una propuesta sobre los rituales, la vida, aún hay escuelas taoístas que se dedican a hacer rituales.
Aquí creo que hay una en Pto. Ordaz, se dedican a hacer rituales, esto viene de la Dinastía Shou, cuando Confucio hizo esta propuesta. Pero, sin embargo, cuando uno va a su *zendo,* ahí también hablan de Budha, hacen enseñanzas sobre Budismo, sobre el Confucionismo, sobre el Taoísmo. En China no hubo división entre las enseñanzas, se consideraba que todo era lo mismo.
Otra cosa interesantísima en el Budismo, es que sea la escuela que sea, no importa. El Budismo plantea eso, no importa que la persona, de su pasado, no importa su acción, no importa lo que hace. Dice: "Todos *tenemos la oportunidad de alcanzarlo, no importa lo que hagamos hecho; si hacernos nuestra práctica, tenemos la posibilidad de despertar nuestro más alto potencial. Esta es la gran verdad".*
Y yo creo que así como decía Jesús, lo dice en el Evangelio, que quiere decir "buenas nuevas", traía buenas noticias, vino a decir: *"El reino de los cielos esta en un ser que está dentro de ti. Y todo el mundo está loco".* Budha, vino a decir algo parecido: "El *Budha está cerca, está dentro de ti, tú mismo lo tienes, cuando alcanzas el ti mismo, después tendrás que abandonar hasta el ti mismo".* O sea, no tiene ni siquiera conceptos de eso, es solamente vivirlo en la cotidianidad.

Vieron en la película al muchacho que se dedicó a prestar servicio a los demás, a los heridos, ese es su propia experiencia. Cada quien tiene su propia experiencia, cada quien es un Budha. Y como decía: *"Está dentro de ti, pero ¿si no lo dejas salir?, si no permites que, por lo menos, esa esencia tuya aparezca, no va a salir nunca"*.
Entonces, creo que esto requiere educación, estudiar un poco, pero requiere práctica.
Anteriormente, ¿cómo hacía la escuela ortodoxa? La escuela ortodoxa: sentarse a meditar; estudiar textos y tratar de entenderlos, practicar cantos, practicar mantras, sonidos. Esa así era la escuela ortodoxa, hacía varias prácticas, pero sentarse era primordial, todos los días hacer una sentada. Además de los textos, la información, todo. Es hacer un estudio para abordar al sí mismo.
Uno se va a una universidad a las escuelas y en ningún lugar le enseñan sobre el sí mismo y cuando tenemos una dificultad en la vida no tenemos ni cuino darle respuesta, porque no nos enseñaron nada, ni los mecanismos, ni si tenemos eso en el interior o no. Entonces, abordar al ser, bueno ya es una preocupación de nosotros, ya que esta sociedad no nos lo va a dar. Tenemos que hacer actividades, propagar, esas fuerzas paralelas que hacemos. En nuestras instituciones como finalidad, es decirle a la gente: "Oye aquí hay una gran posibilidad, esa gran posibilidad está ahí abierta para todos los seres, por qué no la usamos". Me acuerdo de tina caricatura de Quino que hizo Mafalda, van cientos de personas, miles, todas van caminando igual y uno se levanta y dijo: "¿Por qué todos estarnos haciendo lo mismo?". Y sale una máquina así que dice "Sociedad", lo agarra lo estrujan y lo botan, "este no sirve".
Está despertando, está tomando conciencia. La primera conciencia despierta de liberación es buscar. Si usted busca, encuentra, decía Jesús: *"Buscad y hallaréis"*. Si no buscarnos nada, nada encontraremos y lo que busquemos eso es lo que vamos a encontrar. Si usted busca en este plano *(Yung y Hsing),* en este plano encuentra; pero si busca en el plano superior tiene que encontrar; pero tiene que tener ese anhelo de búsqueda. Cuando ya hace su primer despertar inició su búsqueda, cuando empiece a buscar sobre el sí mismo, a querer transformarse, al querer educarse, como decía Dogen: *"¿Por qué esperamos la muerte para irnos ahí?",* aquí. Y un maestro llamado Liu Liufan, decía: *"Estúpidos, estúpidos, ¿por qué son tan estúpidos?. quieren ir al séptimo cielo y no pueden apreciar un arco-iris"*. Queremos ir más allá cuando aquí que nos corresponde, no hacemos nada. Entonces, es imposible que perdamos la vida sin darnos cuenta de que la vida hay que vivirla, hay que transformarla, hay que desarrollarla, hay que vivirla con ahínco, con amor, hasta como decía Baboe, el inventor que se quitó la oreja, dijo: *"Vive la vida intensamente, en esto radica la verdadera fuerza"*. O sea, vívela con intensidad, con la alegría, con las tres mentes, con la mente feliz, con la mente universal, sintiendo que yo soy sabio. Dos no, que yo estoy en ese *Todo* también. Porque veo las flores, veo los pájaros, veo la vida y no me siento parte de ellos. Un gran sentimiento de sentirme separado del T*odo,* es lo que anida en los seres humanos. Nos sentimos como separados, como que yo vine no sé de dónde. No, somos *Todo,* nosotros somos esa integración...dejarlos con tanta información en la capa externa para que nosotros no accedamos. Muchos no quieren que accedamos a eso, como le pasó a Dogen en ese tiempo, porque son esos seres que manejan el poder. Y ese poder, no es tanto es el poder económico, es el poder sobre nuestras mentes, el control que tienen sobre nosotros. Cuando usted dice: "Ah, me compré los zapatos que me gustaban, de marca Nike".
¿Eso era lo que ustedes buscaban o la imposición que le pusieron? Todavía no podemos descifrar eso, es que nos están vendiendo todo hasta la forma de actuar, de ver. Y hasta la espiritualidad, cuando empiece a crecer más, buscaran la forma de hacerlo. China ya lo hizo, yo he ido a China y para encontrar maestros hay que buscarlos así con una lupa,

donde había maestros. Los mismos chinos decían: "No necesitamos las enseñanzas, para qué, si nosotros tenemos maestros". Tenían tantos maestros que no les importaba.

Hoy en día, no tienen tantos maestros, hoy hay que buscarlos con lupa abajo de las piedras a ver dónde están. Porque consiguieron el método despectivo para anular la enseñanza de la Tradición China, consiguieron algo que se llama "Turismo". Y en todos los templos, le meten turismo, le meten trenes, el gobierno le mete a todo, le montan tarantines a su alrededor. El Templo Shaolín, donde se venera la imagen de Bodhidharma, fue un Budha también, alrededor hay colinas y hay como 100 institutos educativos que dan las mismas enseñanzas que están en el Templo. ¿Quién le compite a la gente con tanto dinero?. Pero sin embargo los monjes son el origen, la gente sigue yendo a los monjes. Pero tienen mañana, tarde y noche cientos de miles de turistas ahí. Y ya los monjes terminan con un celular hablando con las personas, vendiendo barajitas, vendiendo adornitos, vendiendo inciensos, vendiendo cuestiones. No tienen tiempo para la práctica espiritual, no lo tienen. Les metieron, donde quiera que hay un templo, los tienen rodeados; la casa de Confucio, igual. Todos los lugares donde había esas grandes enseñanzas, los chinos encontraron como mantenerlas. Pero sin embargo, uno se va a un pueblito, y en el pueblito uno va así pasando y ve unas cortinas extrañas. Yo le decía a un alumno: "vamos a mover esas cortinas", y la abrimos, adentro estaba un Budha, un lugar para poner incienso y un lugar para hacer ofrendas. La gente en los pueblitos sigue creyendo. Ellos dicen que son comunistas, que son ateos, no. Pero como decía un niñito llamado Zendón, el niñito nos llama así escondido, nos muestra una moneda, él cargaba una Kuan Yin, por cierto, era para que lo protegiera de los demonios. En el pueblo también hay fe, no la van a anular. Y como decía un maestro allá, llamado Li Chen: "Pueden decir todo lo que quieran, pero no van a poder entrar en nuestros corazones. Pueden decir que somos lo que sea, comunistas, socialistas, lo que sea, aquí en este país, pero en el corazón somos taoístas". ¿Quién lo cambia a uno en su corazón? Sólo uno mismo, nadie más. Según dijo: "En nuestro corazón, seguimos siendo taoístas".

Espero que esta información les sea de utilidad que le den continuidad que no lo dejen allí.